„Haftungsausschluss" und WIDMUNG:

Nein, nicht alle Anwälte sind unfähige, geldgierige Rechtsverdreher, die kein vernünftiges Deutsch können!

Gewidmet ist dieses Buch all den Anwälten, die sich (zu Recht) *nicht* darin wiedererkennen. Bei Anwälten, die mir empörte Leserbriefe schreiben, muss ich davon ausgehen, dass sie sich bewusst oder unbewusst daran stören, nicht in diese Widmung einbezogen zu sein …

Warum formulieren Anwälte so merkwürdig? Na ja, zu Beginn des Jurastudiums ist eigentlich noch alles in Ordnung. Angehende Juristen können noch ganz normale Sätze bilden, die jedes Kind versteht. Das ändert sich jedoch sehr schnell. In der Uni wird ihnen als Erstes eine Geheimsprache eingebläut, in der sich alle Juristen untereinander blendend verstehen. Das führt dazu, dass Jurastudenten sich ab dem dritten Semester nur noch mit anderen Jurastudenten blendend verstehen. Beim Bier mit den Kommilitonen können sie sich dann köstlich über die neueste Rechtsprechung zum Vermögensschadensbegriff amüsieren.

Als junge Anwälte müssen sie später nur noch einige typische Advokatenfloskeln hinzulernen und die sprachliche „déformation professionnelle" ist vollendet. Die höchste Stufe der juristischen Sprachverhunzung ist erklommen.

In diesem Buch bekommen Sie einen kleinen Einblick in die Geheimisse der Fremdsprache „Anwaltsdeutsch". Erfahren Sie, was Ihr Anwalt wirklich sagen will und was Sie ihm am besten antworten. Lernen Sie, wie man die verschiedenen Anwaltstypen anhand verbaler und nonverbaler Signale voneinander unterscheidet und den richtigen Anwalt für den eigenen Fall findet. Und entdecken Sie, wie auch Sie Anwaltsdeutsch im Alltag nutzbringend einsetzen können – beim Einkauf, gegenüber dem Vermieter, auf Reisen oder im Ehebett.

Denn wer seine Rechte kennt und sie genauso hübsch formuliert einfordern kann wie ein Anwalt, der ist klar im Vorteil!

Viel Vergnügen und hilfreiche Erkenntnisse wünscht Ihnen Ihr

Oh je, hier halten sich Unfähigkeit und Geldgier durchweg die Waage!!
ANWÄLTE
INKOMPETENZ
RAFFGIER
KUMPE

Anwalt – eine Gattungsbeschreibung

Anwalt ist nicht gleich Anwalt. Es gibt Spezialisten und Allrounder, Einzelanwälte und Anwälte in Großkanzleien mit mehreren Tausend Juristen. Doch woran erkennt man die einzelnen Anwaltstypen? Und welcher Anwalt ist der richtige für mich? Urteilen Sie selbst!

Der Feld-Wald-und-Wiesen-Anwalt

Er arbeitet als Einzelkämpfer oder hat sich in einer Bürogemeinschaft mit drei anderen Allgemeinanwälten zusammengetan, mit denen er sich die studentische Halbtagskraft im Sekretariat teilt. Der Feld-Wald-und-Wiesen-Anwalt nimmt unerschrocken jedes Mandat an, denn er beherrscht jedes Rechtsgebiet gleich virtuos. In Rechtsgebieten, für die es keine Spezialisten gibt, ist der Allgemeinanwalt als robuste Allzweckwaffe schlicht unschlagbar. Doch auch wenn er sich mal auf ein juristisches Spezialgebiet vorwagt und dort Schriftsätze produziert, die weitgehend unbelastet von störenden Rechtsausführungen sind, sollte man ihn nicht unterschätzen. Denn mit blanker Chuzpe und langjähriger Erfahrung im juristischen Dauerblindflug gelingt es ihm immer wieder, sich auch bei völliger Unkenntnis der Rechtslage erfolgreich zu schlagen.

Und wenn er doch mal wieder so richtig danebenhaut, ist auf der Gegenseite mit ein bisschen Glück ein Kollege mit ähnlich breit gefächertem Halbwissen …

A–Z des Feld-Wald-und-Wiesen-Anwalts*

Äußeres

Im Dienst putzt sich der Feld-Wald-und-Wiesen-Anwalt durchaus mal heraus und trägt seine lustige Bärchenkrawatte zu fliederfarbenem Jackett, dazu ein gelbes oder bordeauxrotes Hemd, Jeans und Slipper mit Tröddelchen. Unter dem markanten Schnäuzer qualmt eine Pfeife.

Bibliothek

In der „Bibliothek" des Feld-Wald-und-Wiesen-Anwalts stehen die angegilbten Lehrbücher aus dem Studium und noch fünf weitere: »*Mehr brauche ich nicht, das hab ich alles im Kopf!*«

Motto

»*Geht nicht, gibt's nicht!*« lautet das zentrale Credo des Feld-Wald-und-Wiesen-Anwalts.

Zentrale Lage

„In zentraler Lage" liegt nach Einschätzung des Allgemeinanwalts seine Kanzlei – im weiteren Umfeld der Haupteinkaufsstraße eines beinahe citynahen Vorortes. Parken ist kein Problem: schräg gegenüber ist der Parkplatz von REWE – die schleppen um die Uhrzeit nicht mehr ab.

* in Auszügen

? Feld-Wald-und-Wiesen-Anwalt sagt:	! Feld-Wald-und-Wiesen-Anwalt meint:
Das kriegen wir schon hin!	Keine Ahnung, wie das ausgeht!
Klar habe ich Erfahrung mit solchen Fällen.	… mit solchen Fällen wie dir, du Nervensäge!
Der Gegner ist im Unrecht. Den Schwachpunkt seiner Argumentation werde ich vor Gericht punktgenau angreifen.	Was weiß ich, wer recht hat. Ich werde mal wild mit der Schrotflinte draufhalten. Irgendeine Kugel wird schon treffen.
Keine Angst, da lese ich mich ein, das ist gar kein Problem!	Der gegnerische Anwalt hat bestimmt auch keine Ahnung.
Die Gerichtsverhandlung ist ein reiner Durchlauftermin, da müssen Sie nicht dabei sein.	Bleib bloß zu Hause, sonst nervst du nur rum und bekommst mit, wenn mir der Richter erklärt, welchen Mist ich wieder gebaut habe.

Ich rate Ihnen, den Vergleich anzunehmen.

… dann habe ich diese Scheißakte endlich vom Tisch, bekomme meine Schriftsätze nicht vom Richter um die Ohren gehauen und es springt sogar noch eine Einigungsgebühr für mich heraus.

Der Richter hatte keine Ahnung.

Ich hatte keine Ahnung.

Der Spezial-Anwalt

Das Gegenmodell zum Feld-Wald-und-Wiesen-Anwalt ist der Anwalt in der auch „Boutique" genannten Spezialkanzlei. Sein Horizont reicht exakt bis zu den Grenzen seines briefmarkengroßen Rechtsgebiets. Sonst kann er leider nichts. Die leiseste Abweichung vom gewohnten Programm bringt diese überzüchtete Anwalts-Turbokuh aus dem psychischen Gleichgewicht. Deshalb umgibt sich der Spezial-Anwalt in seiner Kanzlei auch nur mit Kollegen derselben Fachrichtung. Meist heiratet er früher oder später auch einen oder eine von ihnen.

Auf Fragen, die über seinen Tellerrand hinausgehen, bekommt man von ihm entweder gar keine Antwort oder – nach ewigen Recherchen – eine unfassbar teure Auskunft, die leider trotzdem falsch ist.
Aber zum Glück gibt es ja inzwischen für fast jedes Rechtsgebiet Spezial-Anwälte. Zum Teil gibt es sogar Spezial-Anwälte für Rechtsgebiete, die es nicht gibt. Denn wie vernachlässigt müssten sich zum Beispiel Pferdebesitzer und Theaterangestellte fühlen, wenn man für sie nicht solche lustigen neuen Rechtsgebiete wie Pferderecht und Bühnenrecht erfunden hätte? Und da der Begriff des Rechtsgebiets nicht definiert ist, ist es auch völlig in Ordnung, dass Anwälte sich so lange neue Rechtsgebiete ausdenken, bis irgendwann jedes Interessengrüppchen mit seinem eigenen Spezial-Anwalt versorgt ist.

A–Z des Spezial-Anwalts

Äußeres

Immer abhängig von der Spezialisierung und dem Stil der Mandanten: Strafverteidiger sind oft nur mit geübtem Auge von ihrer Junkie-Klientel zu unterscheiden.
Auch Medienanwälte verkleiden sich gerne so, wie sie sich ihre Mandanten vorstellen: zwanghaft zwanglos mit Jeans, T-Shirt und Turnschuhen, aber niemals mit Krawatte.

Und Patentrechtler werden schon im Arbeitsvertrag verpflichtet, Physikervollbärte mit eingewobenen Essensresten zu Karohemd und Hochwasserhosen zu tragen.

Lebenstraum

Einmal einen Vortrag auf der Veranstaltung halten, die der Spezial-Anwalt – je nach Spezialisierung – für das bedeutendste gesellschaftliche Ereignis in Deutschland überhaupt hält: auf der Mitgliederversammlung der Gesellschaft für evangelisches Friedhofsrecht, dem Deutschen Topfpflanzenrechtstag oder dem Jahrestreffen der Bundesvereinigung Orthopädieschuhmacherrecht.

Privatleben

»Privatleben? Ich hab doch die Kanzlei!«

? Spezial-Anwalt sagt:

Wir haben den Fall unter allen rechtlichen Gesichtspunkten geprüft.

! Spezial-Anwalt meint:

Ich habe versucht, den Fall irgendwie auf mein Spezialgebiet umzubiegen. Gucken wir mal, ob der Richter das mitmacht.

Machen Sie sich keine Sorgen, mit uns haben Sie absolute Spezialisten auf diesem Gebiet beauftragt.

Und dafür wirst du ordentlich bluten, wenn ich dir meine Rechnung stelle!

Wir setzen Ihnen einen individuell auf Ihre Bedürfnisse zugeschnittenen Vertrag auf. Das wird natürlich nicht ganz billig.

Du kriegst den Standardvertrag, den wir hier jeden Tag raushauen. Schweineteuer wird´s trotzdem.

Der Anwalt in der Traditionskanzlei

Traditionskanzleien gibt es in jeder deutschen Kleinstadt. Sie sind seit 1963 am Rathausplatz gelegen und haben seit Kurzem auch eine Art Internetseite. Der 13-jährige Enkel des Kanzleigründers hat sie abends nach der Schule in Eigeninitiative zusammengebastelt. In der Regel enthält sie auch eine Rubrik mit Juristenwitzen.

Der Kanzleigründer ist inzwischen 81 Jahre alt und sollte eigentlich keine Fälle mehr bearbeiten. Das sagt ihm aber niemand. Denn fast alle seine Kollegen sind mit ihm verwandt. Deshalb heißt die Kanzlei auch Pollmann, Pollmann, Pollmann & Collegen. Das „C“ in Collegen ist dabei sehr wichtig. Vernünftiges Deutsch ist das zwar nicht, aber es wirkt irgendwie edel.

Die Traditionskanzlei berät umfassend: Der Senior sorgt beim Bier mit dem Bürgermeister dafür, dass der ortsansässige Mittelstand eine Schweinemastanlage im reinen Wohngebiet bauen oder die Auflagen zur Gewerbemüllentsorgung „praxisnah" handhaben darf.

Der Sohn mit den miesen Examina wird mitgeschleift und darf nur den Forderungseinzug bearbeiten, weil man da am wenigsten falsch machen kann.

Das Familienrecht macht die Schwiegertochter, denn die Männer haben keine Lust auf heulende Hausfrauen im Besprechungsraum und finden, dass Familienrecht eh nur „was für Mädchen" ist.

Die wenigen Anwälte der Kanzlei, die nicht Pollmann heißen und auch nicht vorhaben, in die Sippe einzuheiraten, fangen an zu trinken und machen sich irgendwann mit ihrer eigenen Traditionskanzlei selbstständig.

A–Z des Traditionskanzlei-Anwalts

Computer

Modernes Teufelszeug. Ab 2004 konnte man sich dann aber doch nicht mehr gegen diesen neuen Trend stemmen und hat nach und nach die ersten Schreibmaschinen gegen sogenannte PCs ausgetauscht.

Hobbys

Alkohol, schlecht Golf spielen, Schützenverein Grün-Weiß und Männergesangsverein Harmonia.

Internationalität

Definitionssache. Der in Bielefeld geborene Traditionskanzlei-Anwalt hat nach der Schulzeit in Bielefeld in der Regel sein Jurastudium an der Uni Bielefeld aufgenommen, um anschließend seine Referendarzeit am Landgericht Bielefeld zu absolvieren. In der väterlichen Kanzlei im Herzen von Bielefeld beweist er Weltoffenheit und setzt sich mutig für eine internationale Expansionsstrategie ein: In einem ersten Schritt sollen künftig auch Mandanten aus Münster und Paderborn vertreten werden. Dabei helfen ihm seine Fremdsprachenkenntnisse. Neben Deutsch verständigt er sich auch mühelos auf westfälischem Platt.

Kanzleieinrichtung

Viel dunkles Holz und noch viel dunkleres Leder. Im Flur, den man ruhig mal wieder durchlüften könnte, hängen Ölgemälde von lauter toten und halbtoten Pollmanns und eine Marmorplatte, in die die Namen aller Anwälte eingraviert sind. Die ist sehr praktisch, denn wenn sie voll ist, kann man sie irgendwann für die Familiengruft wiederverwenden.

Kleidung

Cordjackett, Seidentüchlein um den Hals, Siegelring mit Familienwappen, in der Freizeit gerne mal Jagdkleidung.

Societät

Eine wahre Traditionskanzlei firmiert nicht als profane Sozietät, sondern natürlich als Societät. Das ist zwar orthografisch genauso zweifelhaft wie die bereits erwähnten Collegen, sieht aber furchtbar gediegen aus.

? Traditionskanzlei-Anwalt sagt	! Traditionskanzlei-Anwalt meint:
Mit unseren Beziehungen bekommen wir das bei den Lokalpolitikern schon hin.	**Mit einer Tüte Bargeld bekommen wir das bei den Lokalpolitikern schon hin.**
Wir nehmen unsere soziale und gesellschaftliche Verantwortung ernst und engagieren uns vor Ort ehrenamtlich in verschiedenen Organisationen.	**Wir klüngeln hier im Dorf in jedem Verein herum.**
Vormittags bin ich immer bei Gericht. Bitte rufen Sie erst gegen 13 Uhr an.	**Vormittags schlafe ich meinen Rausch aus. Ab 13 Uhr bin ich in der Regel ansprechbar.**

Der Großkanzlei-Anwalt

Er arbeitet im deutschen *Office* einer internationalen *Law Firm* mit 2.000 Anwälten, deren Hauptquartier wahlweise in London oder New York ist. Er ist stolz darauf, dass er keine Anwaltsrobe besitzt und noch nie vor Gericht war (jedenfalls nicht als Anwalt). Denn ordinäre Gerichtsverfahren sind etwas für das Anwaltsprekariat.

Der Großkanzlei-Anwalt lebt nur für ein Ziel: für die Erhöhung der Zahl seiner Bürofenster. Das Büro eines angestellten *Associate* hat null bis zwei Fenster, der *National-* oder *Salary-Partner* kriegt drei Fenster und der *Equity-Partner*, also der voll am Gewinn beteiligte Teilhaber, bekommt mit viel Glück ein Eckbüro mit sechs Fenstern.

Für ein solches Eckbüro als Endziel eines langen Berufslebens würde der Großkanzlei-Anwalt notfalls auch seine Großmutter verkaufen, wenn er das nicht schon getan hätte. Spätestens nach sieben Jahren Arbeit ohne einen zusammenhängenden Urlaub von mehr als 4 Tagen und durchschnittlichen Wochenarbeitszeiten von 85 Stunden erfährt der Großkanzlei-Anwalt jedoch, dass man in London oder New York nicht die Bohne daran denkt, ihn vom Associate zum Partner zu befördern. Er muss dann gehen oder einen Kollegen aus dem Anwaltsprekariat mit einer Kündigungsschutzklage beauftragen.

A–Z des Großkanzlei-Anwalts

Äußeres

Dunkler Maßanzug und handgenähte italienische Schuhe. Krawatte farblich auf die Augenringe und den bleichen Teint abgestimmt. Randlose Brille und kanzleieinheitlich genormter Seitenscheitel.

Auto

Im ersten Jahr ein Audi TT. Dann merkt der Junganwalt in der Großkanzlei, dass den auch sein Anlageberater von der Sparkasse fährt. Sofortiger Umstieg auf Dreier-BMW (Cabrio). Wichtig: Immer standesgemäßen Abstand zum Auto der vorgesetzten Partner halten, um böse Blicke in der Tiefgarage zu vermeiden. Ein gebrauchter 911er-Porsche ist nach zwei Jahren zwar finanziell drin, wäre aber zu nah am Aston Martin des Chefs.

Billables

Abrechenbare Stunden. London oder New York schreiben vor, dass der Großkanzlei-Anwalt seinen Mandanten an jedem Arbeitstag, d. h. von Montagmorgen bis Sonntagnachmittag, mindestens 12 Stunden á 700 Euro „billen" (abrechnen) muss. Wer das nicht schafft, fliegt sofort raus. Wer es schafft, fliegt erst später raus.

Fusion unter Gleichen

Offizielle Bezeichnung des Vorgangs, bei dem eine eigenständige deutsche Kanzlei von einer 15-mal größeren angelsächsischen *Law Firm* geschluckt wird und nun deren deutsches Büro bildet. Nach der gleichberechtigten Fusion wird erst einmal die Hälfte der deutschen Sozien rausgeschmissen. Zum Ausgleich werden die Stundensätze der Übrigen verdoppelt. Wer seinen Umsatz nach einem Jahr verdreifacht hat, darf vorläufig bleiben. Die Ausübung von Rechtsgebieten, die in Amerika oder England unbekannt sind, wird verboten. Internetseiten, die nach der Einschätzung eines 19-jährigen New Yorker IT-Mitarbeiters gegen die puritanischen Sittlichkeitsvorstellungen seiner Freikirche verstoßen, sind auch verboten und werden von ihm weltweit auf allen Kanzleicomputern gesperrt.

Headline-Deals

Großkanzlei-Anwälte arbeiten nur an hochgeheimen *Headline-Deals*, die so heißen, weil sie am nächsten Tag groß und breit in der Zeitung stehen. Trotzdem sind sie immer so geheim, dass sie sogar im internen Kanzleisprachgebrauch nur ulkige Projektnamen wie „Project Atlantis" tragen dürfen. Das klingt dann auch gleich viel wichtiger als „Verkauf der Eierkartonsparte der Wellpappenwerke Wuppertal".

Kanzleiräume

Im 43. Stock eines Frankfurter Büroturms gelegen, marmorner Empfangsbereich mit schicken Designermöbeln, ausgesprochen großzügig geschnittene, klimatisierte Mandanten-Besprechungsräume. Das 7-Quadratmeter-Büro zwischen Aufzugsschacht und Toilette teilen sich zwei *First-Year-Associates* (Junganwälte im ersten Jahr). Früher wurde dort das Putzzeug gelagert, daher gibt es leider keine Fenster.

Kellerasseln

Im Kanzleijargon die unterste Anwaltskaste der *Associates*, die in ihrem Kellerbüro Akten wegarbeiten müssen und nur sonntagsnachmittags kurz das Tageslicht sehen. Den ersten Mandanten dürfen sie nach etwa drei Jahren Kanzleizugehörigkeit sprechen – wenn sie dann noch nicht rausgeflogen sind.

Mandantenbesprechung

Würde auch im Zwiegespräch zwischen dem Mandanten und seinem Anwalt funktionieren. In Großkanzlei-Mandantenbesprechungen sitzen aber immer mindestens sechs Anwälte herum und lassen ihre Uhren mitlaufen, denn irgendwie haben sie auch mit dem Fall zu tun oder könnten vielleicht irgendwann einmal damit zu tun haben. Vgl. in diesem Zusammenhang auch oben Billables.

Partneraussicht

Nicht der Blick aus den Eckbürofenstern des Chefs, sondern die spaßige Geschichte, mit denen die älteren Großkanzlei-Anwälte gerne junge Kollegen hochnehmen: Nämlich, dass diese später gaaaaanz bestimmt auch mal Partner werden und dann auch endlich an die großen Fleischtöpfe herandürfen!

Platinum Clients

Die heiligen Melkkühe der Großkanzleien. Nur 10 % der Mandanten gehören zu dieser Kategorie, deren Entscheidungsträger sich größter Aufmerksamkeit und üppigster Aufmerksamkeiten erfreuen dürfen. Mit ihnen macht die Großkanzlei 90 % ihres Umsatzes. Der restliche Umsatz entfällt auf Mandanten, die irgendwann mitsamt den zugehörigen Anwälten rausgeschmissen werden.

? Großkanzlei-Anwalt sagt:	! Großkanzlei-Anwalt meint:
Guten Tag!	**Die Gebührenuhr läuft JETZT.**
Aber natürlich betreue ich Ihren Fall höchstpersönlich.	**Höchstpersönlich unterschreibe ich nämlich die Rechnung, wenn meine unerfahrenen Junganwälte die Arbeit gemacht haben.**
Dass Großkanzleien zu viel abrechnen, ist ein Gerücht.	**Aber wer sagt denn, dass Gerüchte immer falsch sind?**

Dieses Mandat kann nur eine Großkanzlei wie unsere bearbeiten, denn dafür braucht man gleich ein ganzes Team von Anwälten.

Klar kann das auch ein Einzelanwalt, aber meine Abteilung muss bis Jahresende noch 500.000 Euro Umsatz machen. Und überhaupt: Wofür habe ich denn sonst die ganzen teuren Anwälte eingestellt? Fürs Rumsitzen?

Ich nehme mir heute mal einen halben Tag frei.

Um 19:00 Uhr ist Feierabend!

Meine Güte, sooo viele Titel!!
Gott ja, nützt ihm jetzt auch nichts mehr!
Hier ruht
Ordentlicher Univ.-Prof.
Dr. iur habil
Dr. h.c. mult.
Dipl. iur.
LL.M. (Havard)
LL.M. (London)
Attorney-at-law (New York)
Solicitor (England & Wales)
ERWIN STREITBAR
KUHP

„Kriegsbemalung“ nennen Anwälte die mal mehr, mal weniger beeindruckende Titelsammlung vor und hinter ihrem Namen, mit der sie aus der Masse der Anwälte hervorstechen und als besonders kompetent erscheinen wollen.
Doch was bedeuten all diese hübschen Titel eigentlich? Wen oder was darf man sich unter einem

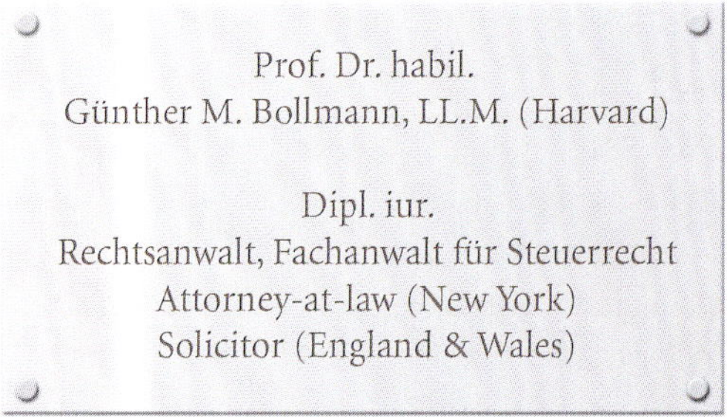

vorstellen? Die Antwort gibt Ihnen unsere kleine Übersicht zum Thema Juristentitel:

Jurist

Gar kein Titel, sondern auf Visitenkarten genauso aussagekräftig wie *Direktor*, *General Manager*, *Häuptling* oder *Chef*.

Juist

Auch kein Titel, aber dennoch sehr reizvoll.

Dipl. iur./Mag. iur.

Der *Diplomjurist* oder *Magister Iuris* hat das Jurastudium und das erste Staatsexamen geschafft. Volljurist ist er noch nicht, dazu fehlt ihm noch das zweite Staatsexamen. Weil „Halbjurist" aber sehr unschön klänge und andere Akademiker auch schon nach der Uni einen hübschen Titel verliehen bekommen, kriegen fertig studierte Juristen seit Kurzem halt auch einen – den *Dipl. iur*. oder *Mag. iur*.

Ref. iur.

Der *Rechtsreferendar* macht das Gleiche wie die Referendare, die wir aus der Schulzeit kennen: Er muss zwei Jahre lang alten Praktikerhasen über die Schulter gucken und dabei möglichst schnell den ganzen Quatsch vergessen, den er auf der Uni gelernt hat. Natürlich nicht an einer Schule, sondern bei Richtern, Staatsanwälten, Verwaltungsbeamten und Rechtsanwälten.

Ass. iur.

Kenner der US-amerikanischen Gossensprache mögen diesen Titel als Abkürzung für „Juristenar..." missverstehen. In Wahrheit ist er jedoch eine echte Auszeichnung: Der *Rechtsassessor* ist endlich Volljurist, hat nach dem Studium also das Referendariat absolviert und auch das zweite Staatsexamen bestanden. Er kann nun Richter, Staatsanwalt oder Rechtsanwalt werden.

LL.M.

Vor allem bei Großkanzlei-Anwälten sehr beliebtes Namensanhängsel. Es steht für *Master of Laws* und soll signalisieren, dass man ein Jahr lang an angloamerikanischen Elitehochschulen ein Masterstudium absolviert hat, seine Rechnungen jetzt also auch in fehlerfreiem Englisch schreiben kann. Vor allem aber signalisiert es, dass man ein Jahr lang an angloamerikanischen Elitehochschulen die Sau rausgelassen hat – in dem sicheren Wissen, dass jeder, der einen LL.M.-Studienplatz ergattert und die monströsen Studiengebühren bezahlt hat, nur noch dann eine vage Chance hat, durch die Prüfung zu rasseln, wenn er dort unbekleidet und voll wie eine Strandhaubitze erscheint.
Hinter dem LL.M.-Titel steht manchmal noch der Studienort oder ein Kürzel für das belegte Spezialgebiet (z. B. *Tax* für Steuerrecht oder *IP* für *Intellectual Property*).

Rechtsanwalt

Volljuristen, die eine ausreichende Berufshaftpflichtversicherung haben und ein paar 100 € Anmeldegebühr zahlen, werden vereidigt und als Anwalt zugelassen.

Fachanwalt

Spezial-Anwälte, die eine größere Zahl von Fällen bearbeitet und wöchentliche Kurse besucht haben, bei denen erwachsene Menschen noch einmal Hausaufgaben machen und unter Aufsicht Klausuren schreiben müssen, dürfen sich mit dem Ehrentitel *Fachanwalt* schmücken.

Attorney-at-law

Wenn die Visitenkarte nach dem LL.M. immer noch nicht voll ist, kann man in den USA noch das amerikanische Rechtsanwaltsexamen *Bar Exam* ablegen. Nach circa drei Monaten ist man in einem US-Staat als Anwalt zugelassen und darf sich *Attorney-at-law* nennen – sehr chic und sehr anspruchsvoll!

Solicitor (England & Wales)

Das britische Gegenstück zum *Attorney-at-law*. Den Titel bekommt man, wenn man entweder eine Prüfung für ausländische Anwälte abgelegt oder zwei Jahre lang in England als Jurist gearbeitet hat. Auch sehr chic!

Dr. iur.

Wer anderthalb Jahre lang eine 350-seitige Dissertation über den „Leumundsbegriff im Bamberger Stadtrecht des frühen 14. Jahrhunderts“ geschrieben hat, darf sich Herr oder Frau *Doktor* nennen. Die selbstständige Durchführung von Blinddarmoperationen bleibt ihm oder ihr allerdings auch weiterhin untersagt, auch wenn sie von nun an immer mal wieder angefragt wird.

PD Dr. iur habil.

Noch toller als ein ordinärer *Doktor* ist ein *Privatdozent* bzw. ein *Dr. habil.*, denn ein *Privatdozent* hat sogar fünf (!) Jahre lang 800 (!) Seiten Habilitationsschrift über den „Leumundsbegriff im Bamberger Stadtrecht des frühen und des späten (!) 14. Jahrhunderts" verfasst – der erste Schritt zur Professur ist damit getan.

Prof.

Der *Professor* schließlich ist unbestritten der Rolls-Royce unter den Titeln. Aber Vorsicht! Hier lohnt es sich, sehr genau hinzugucken, denn Professor ist nicht gleich Professor! Handelt es sich um einen habilitierten, ordentlichen Universitätsprofessor, der nach der jahrelangen Ochsentour als wissenschaftlicher Assistent endlich seinen Ruf auf einen juristischen Lehrstuhl bekommen hat? Oder handelt es sich um einen mittelmäßigen Anwalt, der neben seinem eigentlichen Job irgendwann einmal zwei Jahre lang Kurse im Sanitätsrecht für Krankenschwestern an der Fachhochschule Brunzdorf hätte halten sollen (sich aber immer von einem jungen Kanzleikollegen hat vertreten lassen) und der nach einer großzügigen Spende an den dortigen Förderverein zum *Honorarprofessor* (also zum Professor ehrenhalber) ernannt wurde? Dem Briefkopf sieht man diesen Unterschied nicht an, denn beide dürfen sich ohne jeden Zusatz *Prof.* nennen.

Dein Anwalt und du

Mit Anwälten ist es wie mit Ärzten: Gerne geht man da nicht hin, aber manchmal muss es eben sein. Dabei gibt es gar keinen Grund, Angst vor dem Gang zum Rechtsanwalt zu haben. Denn wer mit seinem Anwalt richtig kommuniziert, der kann viel Geld und Ärger sparen!

Das Erstgespräch

Schon beim Erstgespräch mit dem Anwalt werden wichtige Weichen gestellt:

? Anwalt sagt:

Interessanter Fall. Schicken Sie mir doch einfach Ihre Unterlagen, dann prüfe ich das alles ganz genau und schicke Ihnen eine schriftliche Stellungnahme.

! Anwalt meint:

... und statt einer billigen Erstberatungsgebühr kann ich dir gleich eine volle Gebühr abrechnen.

Hintergrund:

Eine Erstberatung – ob am Telefon oder persönlich – darf bei Verbrauchern maximal 190,- Euro zzgl. Mehrwertsteuer kosten. Nur wenn der Anwalt tiefer in den Fall einsteigt, kann er mehr Honorar verlangen. Deshalb ist es sinnvoll, den Anwalt erst einmal nur um eine Erstberatung zu bitten. Mit ein wenig Glück lassen sich so bereits alle Fragen klären. Nur wenn das nicht möglich ist, wird man um höhere Kosten nicht herumkommen.

Merke: Das kostensparende Zauberwort im ersten Telefonat mit dem Anwalt heißt „Erstberatung“.

? Anwalt sagt:
Wie viel wollen Sie denn einklagen?

! Anwalt meint:
Wie viel verdiene ich denn mit dem Fall?

Hintergrund:
Die Höhe der Anwaltsgebühren hängt ab vom Gegenstandswert, also zum Beispiel von der Klagesumme. Wenn der Anwalt Sie nach der Höhe der Klagesumme fragt, werden Sie nach Ihrer Antwort am anderen Ende der Leitung ein leises Rascheln hören. Denn auf jedem Anwaltsschreibtisch liegt stets griffbereit eine Gebührentabelle, in der der Anwalt sofort nachschlagen kann, wie viel er mit dem Fall verdient. Je nach Gegenstandswert kann es sein, dass das Gespräch wie folgt weitergeht:

? Anwalt sagt:

Ich kann den Fall leider nicht übernehmen, weil ich arbeitsüberlastet bin.

! Anwalt meint:

Mit deinem Fall verdiene ich nichts. Geh zu einem anderen Anwalt.

Hintergrund:

An Fällen mit geringen Streitwerten verdienen Anwälte nichts, sondern zahlen sogar drauf. Trotzdem müssen sie grundsätzlich solche Fälle annehmen. Es gibt nur wenige Ausnahmen von dieser Regel. Die beliebteste Ausre… – Verzeihung – Aus*nahme* ist „Arbeitsüberlastung". Anwälte, die zu viel zu tun haben, müssen keine weiteren Mandate mehr annehmen. Arbeitsüberlastung tritt bei Anwälten daher manchmal überraschend schnell auf.

Merke: *Bevor* der Wunschanwalt Gelegenheit hat, ganz beiläufig nach dem Gegenstandswert zu fragen, kann man ihn ebenso beiläufig fragen, ob er gerade sehr arbeitsüberlastet sei. Das wirkt sehr fürsorglich. Und dass man genau 18,60 € einklagen will, kann man ihm ja immer noch sagen, wenn er das Mandat angenommen hat …

? Anwalt sagt:

Sind Sie einverstanden, dass wir eine Gebührenvereinbarung schließen?

! Anwalt meint:

Sind Sie einverstanden, dass ich Ihnen mehr abrechne, als ich ohne Gebührenvereinbarung abrechnen dürfte?

Hintergrund:
Ohne Honorarvereinbarung kann der Anwalt nur die gesetzlichen Gebühren abrechnen. Und die sind oft sehr niedrig. Mit einer Honorarvereinbarung, zum Beispiel auf Stundensatzbasis, kann er deutlich mehr verlangen. Ob der Mandant die Vereinbarung unterschreibt oder nicht, ist natürlich ihm überlassen.

Merke: Wenn der Anwalt mal wieder unter Arbeitsüberlastung leidet, können Honorarvereinbarungen wahre Wunder bewirken: Ganz plötzlich fühlt er sich gar nicht mehr so schrecklich überlastet!

Die Beratung

Wenn das Erstgespräch überstanden ist, geht es in die eigentliche Beratung, also zur Sache. Jetzt will der Mandant wissen: Wie stehen meine Chancen? Gewinne ich den Fall?

Anwalt sagt:
Kann es nicht doch sein, dass Ihnen – bevor Sie nur scheinbar völlig grundlos eine Vollbremsung hingelegt haben – plötzlich und überraschend ein Reh vor den Kühler gesprungen ist und Sie dafür auch noch einen Beifahrer als Zeugen haben?

Anwalt meint:

Lüg mir was vor, aber so, dass ich es nicht merke!

Anwalt sagt:

Was haben Sie gesagt? Die Telefonverbindung war gerade ganz schlecht!

Anwalt meint:

Falsche Antwort. Denk noch mal nach! Da war doch ein Reh!? Und du hattest einen Beifahrer als Zeugen, oder ...!!!?

Hintergrund:

Viele wird das überraschen: Anwälte müssen vor Gericht die Wahrheit sagen! Und was noch überraschender ist: Die meisten Anwälte halten sich sogar daran! Denn wenn sie vor Gericht beim Lügen erwischt werden, riskieren sie ihre Anwaltszulassung. Anders sieht es aus, wenn der Anwalt gar nicht weiß, dass er Stuss erzählt. Wenn die Mandanten ihren Anwalt also an den kritischen Stellen geschickt belügen, darf der vortragen, was man ihm erzählt hat.

Merke: Man sollte seinem Anwalt immer die Wahrheit sagen – es sei denn, man hat den Eindruck, dass er sie gar nicht hören will.

? Anwalt sagt:

Das kommt darauf an.

! Anwalt meint:

Ja, ich wüsste auch gerne, ob du den Prozess gewinnst. Ich weiß es aber nicht, deshalb halte ich mir mal alles offen.

Hintergrund:

»*Das kommt darauf an*« ist der Lieblingssatz eines jeden Juristen. Fragen Sie einen beliebigen Juristen nach der Rechtslage in einem beliebigen Fall, Sie werden mit größter Wahrscheinlichkeit diese Antwort hören. Und warum? Weil das Recht eben nicht eindeutig ist. Und weil Anwälte möglicherweise sogar auf Schadensersatz haften, wenn sie eine falsche Rechtsauskunft geben, werden sie in aller Regel den Teufel tun und ihrem Mandanten sagen: „Klar hast du recht!"

Deshalb gibt es in der Juristerei kein Schwarz oder Weiß, sondern immer nur viele hübsche Grauschattierungen.

Merke: Schwarz und weiß sind bei Anwälten nur die Robe und die Krawatte (in Einzelfällen höchstens noch die Einnahmen und die Nasenscheidewand).

Ansonsten ist Jura eine ziemlich graue Angelegenheit.

? Anwalt sagt:

Der Fall ist bisher nicht entschieden worden. Da betreten wir juristisches Neuland.

! Anwalt meint:

Ich bin entweder zu blöd, zu faul oder zu schlecht mit juristischer Literatur ausgestattet, um das richtige Urteil für deinen Fall zu finden. Also sage ich mal, es gibt gar keins. Wie es vor Gericht ausgeht, sehen wir dann ja.

Hintergrund:

Mandanten wollen natürlich wissen, wie ihr Fall ausgeht. Leider weiß der Anwalt das aber nicht immer. Das kann viele Ursachen haben: Eine Recherche würde sich bei dem niedrigen Streitwert nicht lohnen. In der Bibliothek des Junganwalts mit seiner Wohnzimmerkanzlei stehen nur drei alte Lehrbücher aus dem Studium oder – ja auch das gibt es – der Anwalt ist ganz einfach zu dumm, um die Lösung zu finden. Soll er deshalb etwa »*Keine Ahnung*« sagen und mit den Schultern zucken? Aber nein, damit ist wirklich niemandem gedient. »*Ihr Fall ist etwas ganz Besonderes. Sowas gab es noch nie. Sie schreiben Rechtsgeschichte, aber ich weiß halt noch nicht welche!*« – Das klingt doch schon ganz anders …

Merke: Juristisches Neuland ist manchmal nur für den Anwalt juristisches Neuland.

Anwalt sagt:

Das machen wir schon.

Anwalt meint:

Was genau wir „schon machen" und ob du gewinnst, weiß ich allerdings nicht.

Hintergrund:

Mandanten wollen mit einem guten Gefühl vom Anwalt zurückkommen. Dafür bezahlen sie ihn schließlich. Also nicken Anwälte ihren Mandanten zum Abschied sanft lächelnd zu und beruhigen sie mit Weisheiten von sorgfältig dosierter Verbindlichkeit wie »*Das machen wir schon*«. Der Mandant muss dann nur noch daran glauben – und schon geht es ihm besser.

Merke: Salbungsvolle Worte zu Glaubensfragen gibt es beim Pfarrer zwar deutlich billiger, der ist allerdings nur für das Jüngste Gericht zuständig. Wer aufmunternden Zuspruch für die irdischen Instanzen sucht, für den lohnt sich nach wie vor der Gang zum Anwalt.

? Anwalt sagt:

Ja, aber natürlich können Sie mich gerne jederzeit anrufen, wenn Sie noch Fragen haben.

! Anwalt meint:

Auch noch Ansprüche stellen bei dem läppischen Streitwert! Sobald die Vorschussrechnung bezahlt ist, wirst du nicht mehr durchgestellt!

Hintergrund:

Auch ein Anwaltstag hat nur 24 Stunden. Anwälte benötigen daher nicht unbedingt täglich einen Anruf ihrer sämtlichen Mandanten, in dem diese sich „nur mal kurz nach dem Zwischenstand in meinem Verfahren" erkundigen wollen.

Merke: Vertrauen Sie Ihrem Anwalt, er meldet sich schon von selbst, wenn es etwas Neues zu berichten gibt.

Vor Gericht

Manchmal geht es leider nicht anders und ein Fall landet vor Gericht. Auch hier kann es nicht schaden, wenn man weiß, was der Anwalt *wirklich* sagen will:

? Anwalt sagt:

Mein Mandant kann aufgrund einer plötzlichen Erkrankung heute leider nicht selbst an der mündlichen Verhandlung teilnehmen.

! Anwalt meint:

Ich habe meinem Mandanten gesagt, dass er bloß nicht herkommen soll, damit er hier kein dummes Zeug redet.

Hintergrund:

Manche Mandanten hinterlassen beim Richter den besten Eindruck, wenn sie zu Hause bleiben. Anwälte entwickeln mit der Zeit ein sicheres Gespür dafür, wen man vor Gericht präsentieren kann und wen man lieber zu Hause lässt.

Manchmal kommt es allerdings auch vor, dass der Mandant ohne Absprache mit seinem Anwalt nicht in der Verhandlung erscheint. Das ist meistens gar nicht gut. Für den Richter ist der Unterschied allerdings kaum erkennbar. Denn der überraschte Anwalt wird zur Entschuldigung des Mandanten in der Regel ebenfalls etwas von »*plötzlicher Erkrankung*« oder »*Stau auf der Autobahn*« murmeln.

Merke: Wenn der Anwalt Ihnen sagt, dass Ihre Gerichtsverhandlung zwar bestimmt interessant wird, er Ihnen aber ans Herz legt, stattdessen die noch viel interessantere Wiederholung des Musikantenstadl zu gucken, dann sollten Sie seiner Menschenkenntnis Vertrauen schenken. Für seinen Musikgeschmack mag etwas anderes gelten.

? Anwalt sagt:

Ich muss die Gegenseite nachdrücklich an ihre Wahrheitspflicht erinnern.

! Anwalt meint:

Frechheit, der Gegner lügt ja genauso unverfroren wie wir.

Hintergrund:

Das gegenseitige Erinnern an die Wahrheitspflicht ist ein beliebtes Ritual unter Rechtsanwälten. Es entspricht im Kern dem bekannten, meist länger zurückliegenden Dialog:

»Lügner!« – »Selber Lügner!«

»Ich sag's der Mama!« – »Ich auch!«

und wird vom Richter auch ähnlich ernst genommen.

Mandanten mögen es trotzdem, wenn ihr Anwalt solche Dinge sagt. Und deshalb sagt er sie auch immer wieder.

Merke: Frühkindliche Prägungen spielen auch für die Streitkultur vor Gericht eine nicht zu unterschätzende Rolle.

? **Anwalt sagt** (zum jüngeren Gegenanwalt):
Lieber junger Kollege!

! **Anwalt meint:**
Du Anfänger!

? **Anwalt sagt** (zum älteren Gegenanwalt):
Das war zu Ihrer Zeit natürlich anders, aber ich erläutere Ihnen das gerne!

! **Anwalt meint:**
Du bist senil. Geh in Rente!

Hintergrund:
Vor Gericht spielt Psychologie eine wichtige Rolle. Es kann niemals schaden, den gegnerischen Anwaltskollegen ein wenig zu verunsichern. Ältere Anwälte schlagen

gegenüber jüngeren Kollegen daher gerne einen väterlich herablassenden Ton an. Damit ärgern sie den Jungspund und kompensieren gleichzeitig ihren Neid auf dessen noch uneingeschränkt bestehende Zeugungsfähigkeit. Der Junganwalt revanchiert sich am besten, indem er betont laut und deutlich spricht und immer wieder besorgt nachfragt, ob denn der ältere Kollege *„AUCH WIRKLICH ALLES MITBEKOMMEN HAT“.*

? Anwalt sagt:

Natürlich verschließt sich mein Mandant nicht einem vernünftigen Vergleich. Auch er will sich lieber gütlich einigen.

! Anwalt meint:

Frieden? Niemals! Mein Mandant will den Gegner bluten sehen.

Hintergrund:

Für den Richter ist es immer bequemer, wenn die Prozessparteien einen gütlichen Vergleich schließen. Denn dann muss er kein Urteil schreiben und hat die Akte vom Tisch. Also erklärt er dem Kläger und dem Beklagten, dass eigentlich beide Seiten unrecht haben und deshalb

auch beide den Prozess verlieren. Das ist zwar völlig unlogisch, funktioniert aber immer wieder: Irgendwann sind beide Seiten so mürbe, dass sie froh über irgendeinen Kompromiss sind, den der Richter vorschlägt.
Manchmal hat eine der beiden Seiten aber definitiv keine Lust auf den vorgeschlagenen Vergleich, sondern will noch eine Verbesserung erreichen. Das ist dann ein Problem. Denn wer sich störrisch zeigt, auf den prügelt der Richter in der mündlichen Verhandlung besonders übel ein. Der Gegner bekommt dann wieder Oberwasser und es wird noch schwieriger, einen besseren Vergleich herauszuholen. Also ist es furchtbar wichtig, ständig zu betonen, dass man ja „eigentlich" einigungsbereit sei und nur der böse Gegner sich hartnäckig verweigere und deshalb richterliche Prügel verdiene.

Merke: Niemals empört dazwischenbrüllen und den Anwalt für bekloppt erklären, wenn der mit treuherzigem Blick behauptet, dass Sie sich eigentlich schon lange nach einer Aussöhnung mit Ihrer Exfrau sehnen und sich im Unterhaltsprozess für Ihre drei untergeschobenen Kuckuckskinder gütlich mit der gierigen Schlampe und ihrem neuen Lover einigen wollen.

Vertretungsvollmacht
Mandantschaft
unter Hinzuziehung
in Abrede
Zahlungsumstand
in vollem Umfang
Feststellung
nicht unbegründet
KUMPE

Sie finden es ganz großartig, wie Ihr Anwalt sich ausdrückt? Sie würden auch gerne so toll formulieren können? Kein Problem – mit unserem kleinen Sprachkurs Juristendeutsch!

Nehmen wir zunächst einen ganz gewöhnlichen Text, wie er nur einem gedanklich einfach gestrickten Nichtjuristen einfallen könnte:

> *Sie zahlen seit drei Monaten keine Miete. Wir sind die Anwälte von Herrn Müller und warnen Sie: Wenn Sie die 1.500 Euro bis zum 15. Dezember nicht überwiesen haben, wird Herr Müller Ihnen fristlos kündigen!*

Niemals würde man solche Sätze in einem Anwaltsbrief lesen! Juristisch korrekt werden sie erst, wenn man einige Regeln beherzigt:

1. Regel: Hauptwörter einsetzen

Sätze wie:

> *Sie zahlen seit drei Monaten keine Miete.*

sind furchtbar banal. Der Mandant wird sich denken:

»Das hätte ich auch selber schreiben können. Und dafür soll ich meinem Anwalt jetzt so viel Geld bezahlen?«
Das weiß natürlich auch der Anwalt. Also baut er erst einmal ganz viele Substantive ein:

> *Unsere Mandantschaft musste die Feststellung treffen, dass Sie auf die drei letzten Monatsmieten keine Zahlungen geleistet haben.*

Vor allem das geschlechtsneutrale Substantiv „Mandantschaft" ist dabei sehr nützlich. Es dient Anwälten dazu, Zweifel an der geschlechtlichen Identität ihres Mandanten (oder ihrer Mandantin?) elegant zu überdecken.
Wenn Sie in einem Brief Ihres Anwalts über diesen Begriff stolpern und er *Sie* damit meint, sollten Sie sich ernsthafte Gedanken über Ihre Kleiderwahl machen!

2. Regel: Verwende Passivkonstruktionen

Der zweite Teil unseres neuen Satzes:

> *... dass Sie auf die drei letzten Monatsmieten keine Zahlungen geleistet haben.*

klingt aber noch zu simpel. Viel eleganter wirkt es, wenn Sie ihn ins Passiv übersetzen:

> *… dass Ihrerseits in den letzten drei Monaten keinerlei Zahlungsleistungen erfolgt sind.*

Schon besser!

Und so machen Sie es nun mit dem kompletten Text. Aktivsätze haben in Anwaltsbriefen einfach nichts zu suchen! Ersetzen Sie also alle Aktivformen durch Passivkonstruktionen und Ihr Anwaltsbrief ist schon fast perfekt!

3. Regel: Schreibe überflüssiges Zeug

Allerdings mangelt es unserem Brief noch an der Präzision, die juristische Schriftsätze auszeichnet. Der Anwalt von Herrn Müller kann selbstverständlich nicht einfach schreiben, dass noch drei Monatsmieten offen sind. Mit einer derart schwammigen Aussage wäre jeder Mieter überfordert:

»*Ja, welche Miete denn?*« – wird er sich vermutlich fragen. »*ICH habe etwas gemietet? Ja wie denn, wo denn, was denn? Und dann habe ich nicht bezahlt? Und wer ist eigentlich dieser Herr Müller?*«

Fragen über Fragen, die ein guter Rechtsanwalt vorausahnt und ihnen vorbeugt, indem er sie ungefragt gleich im Voraus beantwortet. Er erläutert dem Mieter also, dass Herr Müller der freundliche ältere Herr ist, dem der Mieter seit sechs Jahren jeden Monat Geld gibt, damit eben dieser Mieter in seiner Wohnung bleiben darf. Aber vielleicht weiß der Mieter ja nicht einmal, *wo* er wohnt und *seit wann* er schon dort wohnt? Also kommt der Anwalt nicht umhin, ihm auch das ganz genau zu erklären:

> *Unser Mandant Peter Müller musste im Zusammenhang mit dem zwischen Ihnen als Mieter und unserer Mandantschaft als Vermieter am 01.06.2002 geschlossenen Mietvertrag über die in der Schillerstr. 5, 12345 Musterstadt, 3. Obergeschoss links gelegenen Wohnmieträume die Feststellung treffen, dass Ihrerseits bislang keinerlei Zahlungsleistungen auf die zum 01.05., 01.06. und 01.07.2008 fällig gewordenen monatlichen Mietzinsraten an unsere Mandantschaft erfolgt sind.*

Nur wenn man den Mieter so präzise informiert, kann der sich nicht damit herausreden, dass er das Anwaltsschreiben als Mahnung eines Erotikversandhauses missverstanden und die Miete irrtümlich dorthin überwiesen hat.

4. Regel: Unwichtiges vorn, Wichtiges hinten

Nun haben wir den Anwaltsbrief mit allerlei Informationen angereichert. Jetzt ist es ganz entscheidend, diese Informationen richtig zu ordnen. Und zwar nach dem Motto: *Unwichtiges nach vorn, Wichtiges nach hinten*. In einem guten Anwaltsbrief werden Sie niemals gleich im ersten Satz erfahren, worum es dem Absender eigentlich geht. Nein, viel wichtiger ist es, dass der Anwalt erst einmal Folgendes klarstellt:

> *Wir zeigen Ihnen gegenüber hiermit unter anwaltlicher Versicherung ordnungsgemäßer Bevollmächtigung und unter Hinweis auf die in Kopie anliegende Vertretungsvollmacht die Übernahme der gerichtlichen wie außergerichtlichen anwaltlichen Beratung und Vertretung unseres Mandanten Peter Müller in sämtlichen mietvertragsrechtlichen Angelegenheiten an.*

Nur wer nach dieser Einleitung noch nicht eingeschlafen ist, hat es sich verdient, zu erfahren, was der „ordnungsgemäß bevollmächtigte Anwalt" eigentlich von ihm will – nämlich Geld!

Das Prinzip „Unwichtiges nach vorn, Wichtiges nach hinten" funktioniert übrigens auch innerhalb eines Satzes. Die wesentliche Information, dass „keinerlei Zahlungsleistungen erfolgt“ sind, verschieben Sie am besten möglichst weit nach hinten, denn da findet man sie nicht so leicht:

> *Unser Mandant Peter Müller musste (...) die Feststellung treffen, dass Ihrerseits bislang ~~keinerlei Zahlungsleistungen~~ auf die zum 01.05., 01.06. und 01.07.2008 fällig gewordenen monatlichen Mietzinsraten an unsere Mandantschaft keinerlei Zahlungsleistungen erfolgt sind.*

Wenn Sie in Ihrem Brief schließlich alle bedeutsamen Informationen möglichst gut versteckt haben, sollten Sie zur fünften Regel übergehen:

5. Regel: Lange Schachtelsätze bilden

Nebensätze sind schon was Feines! Und ganz viele Nebensätze, zwischen denen irgendwo auch ein kleiner Hauptsatz verborgen liegt, sind noch besser. Weshalb Punkte machen, wo man auch Kommas setzen kann? Thomas Mann hat mit seinen Satzungetümen schließlich auch den Nobelpreis bekommen. Mit diesem Hinweis rechtfertigt jedenfalls der humanistisch halbgebildete Durchschnittsadvokat im Allgemeinen seine Schreibkünste und fabriziert am Ende so etwas:

Sehr geehrter Herr Schmitz,
wir zeigen Ihnen gegenüber hiermit unter anwaltlicher Versicherung ordnungsgemäßer Bevollmächtigung und unter Hinweis auf die in Kopie anliegende Vertretungsvollmacht die Übernahme der gerichtlichen wie außergerichtlichen anwaltlichen Beratung und Vertretung unseres Mandanten Peter Müller in sämtlichen mietvertragsrechtlichen Angelegenheiten an.

Grund unserer Einschaltung ist der Umstand, dass unsere Mandantschaft im Zusammenhang mit dem zwischen Ihnen als Mieter und unserer Mandantschaft als Vermieter am 01.06.2002 geschlossenen Mietvertrag über die in der Schillerstraße 5, 12345 Musterstadt, 3. Obergeschoss links gelegenen Wohnmieträume die Feststellung treffen musste, dass Ihrerseits bislang auf die zum 01.05., 01.06. und 01.07.2008 fällig gewordenen monatlichen Mietzinsraten an unsere Mandantschaft keinerlei Zahlungsleistungen erfolgt sind, weshalb wir von dieser nunmehr beauftragt wurden, Sie unter letztmaliger und nicht weiter verlängerbarer Fristsetzung bis zum 15.12.2008 zur Vermeidung einer andernfalls durch uns namens und im Auftrag unserer Mandantschaft ohne weitere Vorwarnung auszusprechenden fristlosen, außerordentlichen Kündigung des zwischen Ihnen und unserer Mandantschaft bestehenden, oben näher bezeichneten Wohnraummietverhältnisses aufzufordern, die aufgelaufenen rückständigen Mietzinszahlungen auf das Ihnen bekannte Bankkonto unserer Mandantschaft bei der Sparkasse Brotzingen, BLZ 123 456 78, Kontonummer 987 654 321 ungekürzt zur Anweisung zu bringen.

6. Regel: Wortmüll einfügen

Würzen Sie Ihren Text mit schwülstigen, aufgeblähten Formulierungen und geben Sie ihm so endgültig den juristischen Rest!
Hier ein paar Beispiele für Wortmüll, wie ihn Anwälte ganz besonders lieben:

Doppelte Verneinung

Warum einfach formulieren, wenn es auch von hinten durch die Brust ins Auge geht? Benutzen Sie die doppelte Verneinung, wo immer es geht. Das verwirrt den Gegner, denn bevor er weiß, was Sie sagen wollen, muss er erst einmal all die einander widersprechenden Verneinungen wegkürzen:

Deutsch	Anwalt
begründet	nicht unbegründet
üblich	nicht unüblich
wesentlich	nicht unwesentlich
zulässig	nicht unzulässig

Überflüssige Vorsilben

Simple deutsche Verben klingen viel gewichtiger, wenn man ihnen Silben wie „an-“, „auf-“, „ab-“ oder „über-“ voranstellt. An der Bedeutung des Wortes ändern diese Vorsilben natürlich nichts:

Deutsch	**Anwalt**
ankündigen	vor-ankündigen
betreffen	an-betreffen
bringen	ver-bringen
füllen	ver-füllen
kaufen	an-kaufen
leihen	ent-leihen
mieten	an-mieten
sagen	be-sagen
siegen	ob-siegen
versichern	rück-versichern
zeigen	auf-zeigen

„Un"-Wörter

„Un"-Wörter sind eine schöne Alternative zur doppelten Verneinung. Sie wählen einfach ein Wort aus, das das Gegenteil dessen ausdrückt, was Sie eigentlich sagen wollen. Dann verneinen Sie dieses Wort, indem Sie ein „un" davorschreiben.

Und schon sind Sie wieder bei der Bedeutung Ihres Ausgangswortes angelangt:

Deutsch	Anwalt
falsch	unrichtig
gering, belanglos	unwesentlich
kostenlos	unentgeltlich
rechtswidrig	unrechtmäßig
verboten	unzulässig

Aus eins mach zwei (drei, vier oder fünf)

Mandanten regen sich oft auf, wenn sie für kurze Anwaltsschreiben viel Geld bezahlen müssen. Dickere Briefe wecken Verständnis für dickere Rechnungen.

Warum also sollten Anwälte ihre Wörter nicht vermehren und aus einem einzigen Begriff zwei bis fünf Wörter zaubern? Und das, ganz ohne irgendetwas am Sinn zu ändern!

Deutsch	**Anwalt**
ganz	in vollem Umfang
gestern	am gestrigen Tage
einen Monat lang	für die Dauer von einem Monat
ich	der Unterzeichner, der Unterfertigte
leugnen	in Abrede stellen
mit	unter Hinzuziehung
ohne	in Ermangelung
so	auf diese Weise
viele	eine Vielzahl von
wann?	zu welchem Zeitpunkt?

Bürokratendeutsch

Und natürlich gehören in einen Anwaltsschriftsatz möglichst viele bürokratische Fachbegriffe, die im richtigen Leben niemand je verwenden würde.
Wie fit sind Sie schon in Juristendeutsch? Machen wir doch einen kleinen Test!

Verbinden Sie die Anwaltsbegriffe in der linken Spalte mit der passenden deutschen Übersetzung. Die Lösung finden Sie auf Seite 66.

Anwalt	**Deutsch**
Rückbau	telefonisch
Abschrift	Ampel
Postwertzeichen	Frau
Lichtzeichenanlage	Transport mit dem Flugzeug
weibliche Person	Briefmarke
Spontanvegetation	Wald
fernmündlich	Kopie
forstwirtschaftliche Nutzfläche	Abriss
Luftverlastung	Unkraut

Na also, geht doch! Anwälte verstehen ist also kein Problem mehr für Sie.
Und damit Sie auch selbst in der Lage sind, solche Meisterwerke juristischer Formulierkunst zustande zu bringen, finden Sie hier einer Zusammenfassung der wichtigsten Regeln:

✗ Checkliste Anwaltsdeutsch

- ☐ Alle Verben durch Substantive ersetzt?
- ☐ Alle Aktivkonstruktionen ins Passiv übersetzt?
- ☐ Lauter überflüssige „Informationen" eingebaut?
- ☐ Unwichtiges nach vorn und Wichtiges ganz nach hinten gepackt?
- ☐ Aus fünf kurzen einen langen Satz gebastelt?

Den fertigen Text mit allerlei Wortmüll gewürzt:

- ☐ Doppelte Verneinung?
- ☐ Überflüssige Vorsilben?
- ☐ „Un"-Wörter?
- ☐ Aus eins mach zwei…?
- ☐ Bürokratendeutsch?

Ratespiel: Raten Sie mit! Was ist gemeint?

Anwaltsschriftsätze für den Hausgebrauch

Die besten Grüße der Unterfertigten übermittelnd sei dieser dem Adressaten gegenüber unter Versicherung der diesseits bestehenden tiefen emotionalen Verbundenheit zum Zwecke der Rückversicherung über den Fortbestand einer kongruenten gegenseitigen Gefühlslage die höfliche Nachfrage nach den insoweit dort zu konstatierenden Empfindungen gestattet.

Hallo Schatz, ich liebe dich. Liebst du mich auch noch?

Namens und im Auftrag der weiteren Erziehungsberechtigten wird dem von dieser bisher bereits mehrfach erfolglos zur Befolgung der sich aus dem gemeinsamen Sorgerecht ergebenden Verpflichtungen aufgeforderten Anweisungsempfänger hiermit unter Androhung des temporären Wegfalls von Unterhaltsansprüchen gemäß § 1610 Abs. 1 BGB ein letztes Mal die Gelegenheit zur umgehenden Befolgung vorstehend bezeichneter Verpflichtungen gegeben.

Ich sag's zum letzten Mal: Wenn du jetzt nicht sofort tust, was Mama sagt, gibt es erst mal kein Taschengeld!

Unter Anzeige vorübergehender Aushäusigkeit des Unterfertigten werden Sie unter Setzung einer angesichts des bevorstehenden Eintreffens der künftigen Erblasserin und der damit verbundenen Dringlichkeit der nachstehend näher beschriebenen Maßnahme nicht weiter verlängerbaren Frist bis

heute, Mittwoch, den 01.10.2008, 15 Uhr

letztmals aufgefordert, die im Küchenbereich befindlichen Hausmüllbestände nunmehr vollumfänglich in die hierfür vorgesehenen kommunalen Abfallentsorgungsbehälter zu verbringen.

Dein kleines Puffelhäschen

Bin kurz weg. Bringst du bitte noch den Müll raus, bevor um drei meine Großtante kommt?
Dein kleines Puffelhäschen

Große Worte – wie ein Anwalt sie formuliert hätte

Nach diesseitiger Auffassung kann die geometrische Form des Hohlkugelspielgerätes bereits definitionsgemäß nur als eine Zirkuläre beschrieben werden.

Der Ball ist rund. (Sepp Herberger)

Nach erfolgtem Eintreffen am Ort der streitigen Auseinandersetzung sowie eingehender Inaugenscheinnahme der dort vorgefundenen Gesamtsituation konnte durch den Unterzeichner in der Sache eine vollständige Interessendurchsetzung erreicht werden.

Ich kam, sah und siegte. (*Julius Cäsar*)

Es sei abschließend mitgeteilt, dass der vom Gericht zu Unterlassung und Widerruf verurteilte Beklagte keineswegs von der durch die inkriminierte Äußerung verbreiteten Auffassung abweicht, wonach die vom Gericht und den übergeordneten Stellen für zutreffend befundene geozentrische Sicht zugunsten der streitgegenständlichen Interpretation abzulösen sei, welche die kontinuierliche Fortbewegung des streitbefangenen Körpers zur Voraussetzung hat.

… und sie bewegt sich doch. (*Galileo Galilei*)

Die Auflösung von Seite 62:
Rückbau = Abriss; Abschrift = Kopie; fernmündlich = telefonisch; Lichtzeichenanlage = Ampel; weibliche Person = Frau; Spontanvegetation = Unkraut; Postwertzeichen = Briefmarke; forstwirtschaftliche Nutzfläche = Wald; Luftverlastung = Transport mit dem Flugzeug

Bla bla bla bla... Ehebruch... bla bla bla... Unterhalt... bla ... Anspruch... bla bla...
Schön und gut, Herr Anwalt, aber haben Sie auch eine DEFINITION für "Arschloch"??
KUMPE

Sie dachten bisher, Sie wüssten, was ein Diebstahl ist? Dass Sie sich da mal nicht täuschen! Einem Juristen genügt es nicht, einfach zu sagen: »*Der hat das geklaut.*« Denn das wäre viel zu unpräzise. Die korrekte Definition des Diebstahls lautet:

> *Einem anderen eine fremde bewegliche Sache in der Absicht wegnehmen, die Sache sich oder einem Dritten rechtswidrig zuzueignen.*
>
> (§ 242 Strafgesetzbuch)

Aber was heißt nun wieder „wegnehmen“? Und was ist „fremd“? Was bedeutet „beweglich“? Und was versteht man unter einer „Sache“?

Das weiß doch jedes Kind, sagen Sie? Haben Sie eine Ahnung! Juristen verbringen ihr ganzes Berufsleben damit, Begriffe, die eigentlich jeder geistig gesunde Mensch versteht, durch beliebige andere Begriffe zu ersetzen. Das nennt man dann Definieren.

Schaffen Sie es, die Bestandteile der Diebstahlsdefinition richtig zusammenzusetzen?

Quiz

fremd

~~Gewahrsam~~

Wegnahme

Sache

~~Bruch~~

Zueignung

beweglich

1. Gegen den Willen des Berechtigten erfolgende Aufhebung des Gewahrsams des bisherigen Gewahrsamsinhabers und die gleichzeitige oder spätere Begründung neuen, nicht notwendig eigenen Gewahrsams:

   B R U C H

2. Tatsächliche Sachherrschaft, getragen von einem Herrschaftswillen:

   G E W A H R S A M

3. Bruch fremden und Begründung neuen, nicht notwendig eigenen Gewahrsams:

   ☐ ☐ ☐ ☐ ☐ ☐ ☐ ☐

4. Nicht im eigenen Alleineigentum stehend:

   ☐ ☐ ☐ ☐ ☐

5. Körperlicher Gegenstand einschließlich eines Tieres:

   □ □ □ □ □

6. Dauernde Enteignung des Berechtigten sowie eine zumindest vorübergehende Aneignung durch den Wegnehmenden oder einen Dritten:

   □ □ □ □ □ □ □ □ □

7. Kann tatsächlich fortbewegt werden:

   □ □ □ □ □ □ □ □ □

Sie haben alles gewusst? Großartig! Dann sind Sie jetzt sicher bereit für einige weitere juristische Definitionen und Klarstellungen:

Blut

> *„Blut“ ist die beim Schlachten aus den Blutgefäßen gewonnene, zellige Bestandteile enthaltende Flüssigkeit (…)* (Deutsches Lebensmittelbuch, Leitsätze für Fleisch und Fleischerzeugnisse, I.1.41)

Wer hätte das gedacht!

Dienstreise, Ende der ~

Stirbt ein Bediensteter während einer Dienstreise, so ist damit die Dienstreise beendet.

(aus einem Kommentar zum Bundesreisekostengesetz)

Eisenbahn

Ein Unternehmen, gerichtet auf wiederholte Fortbewegung von Personen oder Sachen über nicht ganz unbedeutende Raumstrecken auf metallener Grundlage, welche durch ihre Konsistenz, Konstruktion und Glätte den Transport großer Gewichtmassen, beziehungsweise die Erzielung einer verhältnismäßig bedeutenden Schnelligkeit der Transportbewegung zu ermöglichen bestimmt ist, und durch diese Eigenart in Verbindung mit den außerdem zur Erzeugung der Transportbewegung benutzten Naturkräften (Dampf, Elektrizität, tierischer oder menschlicher Muskeltätigkeit, bei geneigter Ebene der Bahn auch schon der eigenen Schwere der Transportgefäße und deren Ladung etc.) bei dem Betriebe des Unternehmens auf derselben eine verhältnismäßig gewaltige (je nach den Umständen nur in bezweckter Weise nützliche, oder auch Menschenleben vernichtende und die menschliche Gesundheit gefährdende) Wirkung zu erzeugen fähig ist.

(Reichsgericht, 17. März 1879, RGZ 1, 247, 251)

Für diese Eisenbahn-Definition hat sich ein unbekannter Verfasser beim Reichsgericht mit einer Definition des Reichsgerichts revanchiert:

> *Was ist ein Reichsgericht? Ein Reichsgericht ist eine Einrichtung, welche dem allgemeinen Verständnis entgegenkommen sollende, aber bisweilen durch sich nicht ganz vermeiden haben lassende, nicht ganz unbedeutende beziehungsweise verhältnismäßig gewaltige Fehler im Satzbau auf der schiefen Ebene des durch verschnörkelte und ineinandergeschachtelte Perioden ungenießbar gemachten Kanzleistil herabgerollte Definitionen, welche das menschliche Sprachgefühl verletzende Wirkung zu erzeugen fähig sind, liefert.*

Gewürzmischungen

> *Gewürzmischungen sind Mischungen, die ausschließlich aus Gewürzen bestehen.*
>
> (Deutsches Lebensmittelbuch, Leitsätze für Gewürze und andere würzende Zutaten, I. A. 2)

Da muss man erst mal drauf kommen!

Krebse

Krebstiere sind zum Verzehr bestimmte Tiere der Klasse der Crustacea (Krebse).

(Deutsches Lebensmittelbuch, Leitsätze für Fische, Krebse und Weichtiere und Erzeugnisse daraus, I B 1.)

„Krebse sind Krebse“ klingt eben doch ein bisschen platt. Also übersetzt man „Krebs“ lieber in eine Fremdsprache, dann fällt es nicht so auf: „Krebse sind Crustacea“ – Krebse eben.

Rösten und Grillen

Rösten und Grillen sind Verfahren, bei denen unter Anwendung von hohen Temperaturen eine Wärmeübertragung durch heiße Luft erfolgt.

(Deutsches Lebensmittelbuch, Leitsätze für Fisch, Krebse und Weichtiere und Erzeugnisse daraus, II. I. 2 b)

Das Definieren von Rösten und Grillen ist dagegen ein Verfahren, bei dem unter Ansammlung überflüssigen Wortmülls eine Satzaufblähung durch heiße Luft erfolgt.

Wertsack und Wertbeutel

Der Wertsack ist ein Beutel, der aufgrund seiner besonderen Verwendung im Postbeförderungsdienst nicht Wertbeutel, sondern Wertsack genannt wird, weil sein Inhalt aus mehreren Wertbeuteln besteht, die in den Wertsack nicht verbeutelt, sondern versackt werden.

(Auszug aus einem Merkblatt der Deutschen Bundespost aus dem Jahre 1972)

Das musste mal gesagt werden!

Wohnsitz eines Verschollenen

Ein Verschollener hat seinen Wohnsitz bei der Ehefrau. (Entscheidung des Finanzgerichts Düsseldorf, in: Entscheidungen der Finanzgerichte (EFG) 58, 144)

Gut zu wissen!

Lösung zum Quiz von Seite 69/70
1. Bruch 2. Gewahrsam 3. Wegnahme 4. fremd
5. Sache 6. Zueignung 7. beweglich

Und Angeklagter? Was haben Sie dazu zu sagen?
"Mea culpa", Herr Vorsitzender?
KUMPE

Anwälte werden immer ein wenig nervös, wenn sie merken, dass ihr Mandant über juristisches Fachwissen verfügt. Die schlimmsten Mandanten von allen sind natürlich Rechtsanwälte, die sich in eigener Sache von einem Berufskollegen vertreten lassen. »*Jetzt nur keine Fehler machen, der Kollege merkt es schließlich sofort*«, denkt sich der Anwalt dann. Und auch wenn er es nie zugeben würde: Er strengt sich noch ein bisschen mehr an als üblich.
Doch keine Sorge: Sie müssen nicht gleich Jura studieren, um Ihrem Anwalt ein bisschen Sachkenntnis zu demonstrieren und ihm so zu ein wenig zusätzlicher Motivation zu verhelfen. Oft genügen schon ein paar beiläufig eingestreute juristische Fachbegriffe. Am meisten beeindrucken Sie Ihren Anwalt natürlich mit genau den lateinischen Floskeln und Sinnsprüchlein, mit denen er sonst selbst seine Schriftsätze würzt.
Hier sind die wichtigsten:

ALIUD

(Das andere)

Wer ein saftiges Steak bestellt und einen trockenen Grünkern-Haferkleie-Bratling bekommt, erhält etwas anderes als vereinbart war – also ein „aliud". »*Iiiigitt!! Da ist ja ein aliud auf meinem Teller. Nehmen Sie das weg!!!*«

Merke: Aliud – das klingt ähnlich unappetitlich wie Grünkern-Haferkleie-Bratling, macht bei der Reklamation aber definitiv mehr Eindruck!

FALSA DEMONSTRATIO NON NOCET

(Eine falsche Bezeichnung schadet nicht)

»Gib mich mal die Kirsche!« Auf einem Gelsenkirchener Bolzplatz ist das eine klare Ansage. Wer auf diesen Zuruf hin ein Körbchen Schattenmorellen besorgen geht, wird keine leichte Kindheit haben. Denn im Leben wie in der Juristerei gilt: Es kommt nicht darauf an, was man sagt, sondern darauf, was man meint. Präziser: was beide Seiten übereinstimmend meinen. Und deshalb schadet es auch nicht, wenn zwei Personen den Gegenstand ihres Vertrages falsch bezeichnen. Juristen nennen so etwas eine unbeachtliche „falsa demonstratio". Vereinbart ist dann nicht das, was wörtlich im Vertrag steht, sondern das, was wirklich gemeint war.

Merke: Wenn alle Beteiligten wissen, was gemeint ist, ist doch alles gut. Bestellen Sie an der Käsetheke also ruhig weiter ein paar Scheiben frischen Holländer. Sie müssen keine strafrechtlichen Konsequenzen fürchten!

FURTUM USUS

(Gebrauchsanmaßung)

Sie wurden schon einmal mit einem fremden Portemonnaie in der Hand in der Fußgängerzone aufgegriffen? Ja schon, aber Sie sind damals wirklich nur gestolpert, mit der Hand versehentlich in die geöffnete Handtasche der Dame vor Ihnen geraten, bekamen einen Krampf in den Fingern und hielten plötzlich ungewollt ein Portemonnaie in der Hand. Sie waren selbst überrascht und sind vor Schreck schnell weggelaufen. Dann haben Sie gemerkt, dass das Portemonnaie Ihnen gut gefällt und Sie haben es als Muster erst mal behalten wollen, um sich genau das gleiche kaufen zu können. Aber selbstverständlich wollten Sie das Portemonnaie danach sofort der Eigentümerin zurückbringen! Plötzlich kam aber die Polizei und hat Ihnen irgendwelche komischen Vorwürfe gemacht. Sie wussten gar nicht, was das sollte. Dumme Sache … Aber genau so war es – hat Ihr Pflichtverteidiger gesagt…

Ja, und wenn der Richter das alles eingesehen hätte, müssten Sie dieses Buch heute nicht in der JVA lesen, denn „furtum usus" oder „Gebrauchsanmaßung" ist tatsächlich straflos! Wenn man eine fremde Sache nur an sich nimmt und benutzt, ohne sie endgültig stehlen zu wollen, wird man dafür nicht bestraft. Der Richter muss es halt nur glauben!

Merke: »*Ich hab's nicht geklaut, ich wollte es doch zurückbringen! Echt!*«

IUDEX NON CALCULAT

(Der Richter rechnet nicht)

Juristen können von Geburt an kein Mathe, sonst hätten Sie ja nicht Jura studiert. Und weil das jeder weiß, muss man in einem gerichtlichen Urteil alles ernst nehmen, mit Ausnahme der Rechenergebnisse. Denn die erheben laut Gesetz grundsätzlich keinen Anspruch auf Richtigkeit. Tja, so einfach kann man es sich natürlich auch machen! Am liebsten hätten Juristen schon in der Schule ihre Matheklausuren mit dem Satz beendet: *„Keine Gewähr für die Richtigkeit der Ergebnisse."* Später im Beruf dürfen sie das tatsächlich – allerdings nur, wenn sie es auf Latein sagen!

Merke: Auf Latein klingt selbst *»Ich bin zu blöd zum Rechnen«* nach solider humanistischer Bildung.

LUCIDUM INTERVALLUM

(Der lichte Moment)

Wer etwas rechtswirksam gekauft hat, der war juristisch betrachtet auf jeden Fall bei klarem Verstand. Das sehen Sie anders, wenn Sie sich die letzten Wochenendeinkäufe

Ihrer Gattin anschauen? Mag sein, aber »*Meine Frau spinnt, nehmen Sie den Krempel gefälligst zurück!*« – ganz so einfach geht es leider nicht immer. Denn selbst wenn Sie prinzipiell recht hätten, könnte sich Ihre Frau möglicherweise auf ein „lucidum intervallum" berufen. Also auf einen lichten Moment während des Kaufrausches, in dem sie durchaus kurz überblicken konnte, was sie gerade tut. Na und wenigstens solche Momente wollen Sie ihr als liebender Gatte doch wohl nicht absprechen, oder?

In juristischen Uni-Klausuren wimmelt es übrigens nur so von unerkannt Geisteskranken, die in lichten Momenten Vasen kaufen – es sind immer Vasen –, um diese nach Beendigung des lichten Moments, aber noch vor dem Bezahlen, wieder kaputt zu schlagen. Und die armen Jurastudenten sollen dann entscheiden, wer in diesen ungemein realitätsnahen Fällen für den Schaden aufkommen muss. Als junge Anwälte wundern sie sich später, wo eigentlich die ganzen geisteskranken Mandanten mit den kaputten Vasen bleiben …

Merke: »*Schatz, natürlich erscheint es irgendwie verrückt, dass ich das alles gekauft habe, aber glaube mir: Beim Bezahlen hatte ich immer kurz ein lucidum intervallum. Wir müssen das also alles behalten!*«

NON LIQUET

(Es steht nicht fest)

Oder auch: »*Puh, keine Ahnung, ich weiß es einfach nicht. Haben Sie ´ne Idee?*« Das ist die typische Ausgangssituation eines Gerichtsverfahrens. Der Richter weiß halt nicht, was in dem Fall wirklich passiert ist – non liquet, eben! Also muss er sich von den Prozessparteien erst einmal gründlich vorlügen lassen, wie es angeblich war. Am Ende des Verfahrens ist der Richter dann einen großen Schritt weiter: Nun würde er selbst die Frage nach seinem eigenen Namen mit einem unsicheren „non liquet" beantworten. Genau in diesem Augenblick ist das Verfahren reif für ein Beweislasturteil. Der Richter sagt also: »*Was weiß ich, wie es in Wirklichkeit war. Du kannst nichts beweisen, also verlierst du den Prozess!*«

Merke: »*Wir befinden uns hier in einer klassischen non-liquet-Situation*« klingt doch deutlich souveräner als: »*Ich habe durch euer Gequatsche völlig den Überblick verloren.*«

Ich möchte ihn umtauschen!!
Reduzierte Ware ist vom Umtausch ausgeschlossen.
HEIRATSVERMITTLUNG
KUMPE

Unser Kaufrecht ist eine tolle Erfindung. Wenn Sie zu Recht unzufrieden mit etwas sind, das sie gekauft haben, dürfen sie es einfach zurückbringen.
Nur einmal zum Vergleich: Wenn Sie zu Recht unzufrieden mit etwas sind, das Sie geheiratet, gezeugt oder sich angefuttert haben, werden sie es nicht so einfach wieder los! Unser Kaufrecht ist also eine echte Errungenschaft. Und obendrein ist es gar nicht schwierig zu verstehen. Im Prinzip funktioniert es immer so:

Die Vorgeschichte

1. Sie kaufen etwas.
2. Das ist kaputt.
3. Sie bringen es zurück.

Die Rechtslage

4. Sie dürfen wählen: Verkäufer repariert die kaputte Ware oder gibt Ihnen neue Ware – diesmal nicht kaputt.
5. Hat nicht geklappt? – O.K., einen Versuch hat der Verkäufer noch.
6. Hat immer noch nicht geklappt?
7. Sie dürfen wählen: Sie behalten das kaputte Ding, bekommen es aber billiger oder Sie geben es zurück und kriegen Ihr Geld wieder.

Haben Sie sich die Schritte 4 bis 7 gemerkt? Gratulation! Dann wissen Sie jetzt schon ungefähr 300-mal mehr über Ihre Rechte beim Kauf als der zappelige dürre Verkäufer im Klamottengeschäft, dem Sie die Hose mit dem klemmenden Reißverschluss zurückbringen und der immer neue Ausreden erfindet, um sich vor der Reklamation zu drücken.

Bisher standen Sie diesen Ausreden immer hilflos gegenüber?
Sie wollen den Kerl bei der nächsten Reklamation endlich mal in Grund und Boden reden?
Sie haben aber nicht jedes Mal einen Anwalt dabei, wenn Sie shoppen gehen?

Kein Problem bei Reklamationen mit unserer

TOP 5 **der Verkäuferausreden**

Hier finden Sie die beliebtesten Verkäuferausreden bei Reklamationen – und die juristisch korrekten Antworten, die Ihr Anwalt darauf geben würde – wenn er dabei wäre.

TOP 1: Kein Kassenbon

? Verkäufer sagt:

Sorry, aber ohne Kassenbon können wir da leider echt gar nichts machen. Ohne den können wir ja nicht wissen, ob Sie die Hose wirklich in unserem Geschäft gekauft haben.

! Verkäufer meint:

Das behaupte ich jedenfalls einfach mal. Und meistens komme ich mit dieser Nummer auch durch.
Schließlich hebt kein normaler Mensch alle seine Kassenbons auf.

§ Anwalt antwortet:

Ich trete für meinen Mandanten gemäß §§ 371, 373 der Zivilprozessordnung den Augenscheins- und Zeugenbeweis für den Erwerb der Ware in Ihrem Geschäft an.

! Anwalt meint:

Guck mal: Hier klebt noch euer Preisschild, hier ist der EC-Kartenbeleg für den Kauf, und die Ehefrau war auch dabei, als die Hose hier gekauft wurde. Also musst du sie zurücknehmen!

In der Zivilprozessordnung steht natürlich *nicht*, dass Kassenbons das einzig zulässige Beweismittel in einer Mängelklage sind. Verkäufer halten diese verblichenen kleinen Siffzettel aber offenbar für die bedeutsamsten Beweisdokumente unserer Rechtsordnung. Eine notarielle Urkunde mit Unterschrift, Wappen und Siegel ist ja auch im Grunde ein Dreck gegen solch einen Registrierkassenwisch! Und deshalb gilt in fast jedem Geschäft die eiserne Regel: Ohne Kassenbon keine Reklamation!

Dass man mit einem EC-Kartenbeleg oder einem Preisschild genauso rechtswirksam beweisen kann, dass man den kaputten DVD-Player in seinem Geschäft gekauft hat, auf diese Idee kommt kaum ein Verkäufer.

Oder vielleicht war ja die Gattin beim Einkauf dabei und kann den Kauf bezeugen. Ja, auch das reicht! Frauen sind in der Regel mindestens so glaubwürdig wie ein Kassenzettel! Und, liebe Männer, eine Frau verlieren Sie auch nicht so schnell! Der durchschnittliche deutsche Mann verliert im Laufe seines Lebens ca. 500 Kassenzettel, aber nur 3-5 Frauen!

Merke: Vergessen Sie die Kassenbons, vertrauen Sie ruhig auf die Beweiskraft Ihres Partners und gehen Sie öfters mal zu zweit einkaufen!

TOP 2: Reduzierte Ware

? Verkäufer sagt:

Oh, das tut mir echt total leid, aber reduzierte Ware können wir wirklich nicht zurücknehmen. Steht auch extra da oben auf dem Schild: Reduzierte Ware ist vom Umtausch ausgeschlossen.

! Verkäufer meint:

Klingt doch logisch, oder? Wenn wir die Ware schon so billig verkaufen, kannst du nicht auch noch erwarten, dass sie in Ordnung ist. Und wenn´s da oben steht, muss es ja wohl stimmen.

§ Anwalt antwortet:

Die gesetzliche Sachmängel-Haftung des Verkäufers kann Verbrauchern gegenüber gemäß § 475 Abs. 1 BGB (Bürgerliches Gesetzbuch) auch für preisreduzierte Ware nicht rechtswirksam ausgeschlossen werden. Mein Mandant hat daher einen Gewährleistungsanspruch.

! Anwalt meint:

Ist mir egal, was auf deinen Schildern und im Kleingedruckten steht. Bei kaputter Ware musst du haften, egal wie viel sie gekostet hat.

Reduzierte Ware ist bekanntlich „vom Umtausch ausgeschlossen“ und deshalb kann man sie auch nicht reklamieren. Ach tatsächlich? Reduziert sind vor allem die Rechtskenntnisse von Verkäufern, die solch einen Stuss erzählen. Gucken Sie noch mal auf Seite 84 unter Rechtslage, Punkt 4 bis 7. Steht da etwa, dass das Gewährleistungsrecht nur für Waren gilt, die immer schon genauso viel gekostet haben, wie Sie dafür bezahlt haben? – Nein! Es kann Ihnen doch völlig wurscht sein, ob und wann der Verkäufer seine Preise anhebt oder senkt. Was kaputt ist, ist kaputt und kann reklamiert werden, egal wie billig es war. Das gilt natürlich nicht, wenn von Anfang an klar war, dass die Sache kaputt war. Kommen Sie jetzt also bitte nicht auf die Idee, ein Pfund Schweinehack aus dem Sonderangebot zurück in den Supermarkt zu bringen und sich zu beschweren: »*Das grunzt ja gar nicht mehr!*« Wenn hingegen *Sie* nach dem Verzehr anfangen zu grunzen, sehen Ihre Chancen vor Gericht schon wieder besser aus.

Und wie ist es, wenn die Ware völlig in Ordnung ist? Dann spielt es ebenfalls keine Rolle, ob sie reduziert war oder nicht. Denn in beiden Fällen haben Sie gar keine Rechte und müssen auf die Kulanz des Verkäufers hoffen.

Merke: Wer billig einkauft, wird nicht rechtlos. Auch Sonderangebote kann man reklamieren. Manchmal sogar Schweinehack.

TOP 3: Garantie statt Gewährleistung

? Verkäufer sagt:

Wir schicken den DVD-Player erst mal zum Hersteller, denn da ist ja noch Garantie drauf. Der guckt sich das an und wir melden uns, wenn das Gerät zurück ist. Kann aber ´n paar Wochen dauern.

! Verkäufer meint:

Nerv mich nicht mit deiner Reklamation. Geh lieber dem Hersteller auf den Wecker. Auf den versuche ich so etwas immer abzuwälzen!

§ Anwalt antwortet:

Vielen Dank, dass Sie meinen Mandanten auf den vertraglichen Garantieanspruch gegen den Hersteller hinweisen. Er möchte diesen derzeit jedoch nicht geltend machen, sondern beruft sich auf seine Ihnen als dem Verkäufer gegenüber zustehenden Sachmängelgewährleistungsrechte gemäß §§ 437ff. BGB.

! Anwalt meint:

Der Hersteller interessiert uns nicht, für die kaputte Ware haftet der Verkäufer, also du. Hier wird jetzt nichts eingeschickt: Du gibst uns sofort einen neuen DVD-Player mit.

Garantie und Gewährleistung – das ist doch irgendwie dasselbe, oder? Manche sprechen deshalb auch gleich von „Gewährleistungsgarantie“. Autsch! Jeder Anwalt wird augenblicklich Zahnschmerzen bekommen, wenn er dieses Wort hört. Ihrer nicht? Dann hat er entweder keine Ahnung oder keine Zähne. Woran es liegt, müssen Sie aber nicht näher ergründen. Denn über einen Anwaltswechsel sollten Sie in beiden Fällen mal nachdenken ...

Es ist eigentlich ganz einfach:
Gewährleistung ist das, was der Verkäufer Ihnen *gesetzlich schuldet*, also das, was auf S. 84 zur Rechtslage steht.
Garantie ist das, was der Hersteller, manchmal auch der Verkäufer, Ihnen darüber hinaus *freiwillig gewährt*.
Vermischen darf man die beiden Begriffe nicht. Wenn der Verkäufer Ihnen also beim nächsten Mal erzählt:
»*Das tut mir jetzt leid für Sie, das fällt leider nicht unter die Herstellergarantie.*«
... dann sagen Sie einfach:
»*Das tut mir jetzt leid für Sie, denn ich will gar nichts vom Hersteller, sondern vom Verkäufer – also von Ihnen! Und Sie müssen haften!*«

Merke: Ansprechpartner ist immer der Verkäufer. An den Hersteller muss man sich nicht verweisen lassen.

TOP 4: Reklamation kommt zu spät

? Verkäufer sagt:

Was, vor fünf Monaten haben Sie das gekauft? Dann können wir das leider nicht zurücknehmen. Das geht nur innerhalb von zwei Wochen nach dem Kauf.

! Verkäufer meint:

Bestimmt ist der auch so blöd wie alle anderen und fällt darauf rein, wenn ich Kulanzumtausch und Reklamation durcheinanderbringe.

§ Anwalt antwortet:

Im Gegensatz zum Kulanzumtausch, bei dem der Verkäufer eigene Fristen festsetzen kann, hat mein Mandant in diesem berechtigten Reklamationsfall gemäß § 438 Abs. 1 Nr. 3 BGB eine zweijährige Gewährleistungsfrist.

! Anwalt meint:

Wenn mein Mandant zu Hause merkt, dass ihm die Farbe der Hose doch nicht gefällt, kannst du dich nach zwei Wochen von mir aus weigern, sie zurückzunehmen. Wenn sie aber nach dreimal waschen gar keine Farbe mehr hat, tauschst du sie bitte schön auch noch nach zwei Jahren gegen eine neue um.

Ihr Volksempfänger scheppert in letzter Zeit ein bisschen und Sie haben auch schon länger keinen Wehrmachtsbericht mehr reingekriegt? Da wird Ihnen auch der beste Anwalt nicht mehr helfen können – und vermutlich auch sonst niemand.
Wenn Ihnen der Verkäufer aber weismachen will, dass Sie das gute Stück innerhalb von zwei Wochen nach dem Kauf hätten zurückbringen müssen, dürfen Sie ihm trotzdem vehement widersprechen. Denn *zwei* stimmt zwar, aber es sind nicht zwei Wochen, sondern zwei Jahre!

Sie können defekte Ware tatsächlich noch zwei Jahre nach dem Kauf ins Geschäft zurückbringen und Reparatur oder Ersatz verlangen.
In den ersten sechs Monaten haben Sie es sogar besonders leicht. Denn wenn Sie innerhalb dieser Frist etwas reklamieren, muss der Verkäufer Ihnen beweisen, dass die Ware ursprünglich völlig in Ordnung war. Das kann er natürlich in der Regel nicht.
Nur wenn Sie mit der Reklamation länger als sechs Monate warten, müssen umgekehrt Sie dem Verkäufer beweisen, dass der Fehler von Anfang an angelegt war. Die Beweislast dreht sich nach sechs Monaten also zu Ihren Lasten.

Merke: Verkäufer haften länger, als sie es wahrhaben wollen – mehr als zwei Jahre waren es allerdings auch im Tausendjährigen Reich nicht.

TOP 5: Gutschrift statt Geld zurück

? Verkäufer sagt:

Geld zurück geht leider nicht, aber Sie bekommen eine Gutschrift. Suchen Sie sich einfach was anderes Hübsches aus!

! Verkäufer meint:

Reparieren oder ersetzen kann ich das Ding nicht und das Geld will ich nicht wieder rausrücken. Also drehe ich dir eine Gutschrift an, damit die Kohle wenigstens im Laden bleibt.

§ Anwalt antwortet:

Gemäß § 437 Ziffer 2 BGB steht meinem Mandanten im Falle einer fehlgeschlagenen Nacherfüllung wahlweise das Recht auf Rücktritt vom Kaufvertrag oder auf Minderung des Kaufpreises zu.

! Anwalt meint:

Du kriegst es nicht hin, dass mein Mandant eine fehlerfreie Ware bekommt? Dann kann er entscheiden, ob du das Ding zurücknimmst und das Geld zurückzahlst oder ob er es behält und du ihm einen Teil des Kaufpreises zurückgibst.

Verkäufer mögen Gutscheine. Denn Gutscheine liegen im Allgemeinen so lange in irgendwelchen Schubladen herum, bis auch der renitenteste Kunde einsieht, dass er „Joh. Meyer & Cie. Kolonialwaren en gros“ nicht mehr zumuten kann, auf einen 25-Billionen-Papiermark-Gutschein das Wechselgeld passend herauszugeben.

»*Bei uns gibt es nur Gutschriften*«, verkünden Verkäufer daher gerne im Brustton der Überzeugung, wenn man etwas reklamieren und vom Kauf zurücktreten will. »*Sie spekulieren bloß auf die nächste Währungsreform, behalten Sie Ihre Gutschrift!*«, wäre die passende Antwort. Denn natürlich muss sich niemand eine Gutschrift andrehen lassen, wenn er eine berechtigte Reklamation vorträgt. Wer keine Lust mehr hat, in dem Geschäft etwas anderes zu kaufen, kann in jedem Fall sein Geld zurückverlangen, falls alle Reparatur- und Neulieferungsversuche des Verkäufers fehlgeschlagen sind.

Merke:

Gutschriften sind kein Geldersatz!

Hast du auch die Kakerlaken vom letzten Urlaub eingesteckt … für die Reise-preisminderung?
Ja, stell dir vor, sie haben sich sogar vermehrt!
FRANKFURT AIRPORT
KUMPE

Nie ohne Anwalt …

Warum fahren Sie in Urlaub? Richtig: Sie wollen entspannen, die Sonne genießen, billigen Rotwein trinken … Aber der wichtigste Grund, aus dem Deutsche in Urlaub fahren, ist: sich hinterher beschweren zu können.

»Boah, ich hab 2.800 Euro bezahlt und nicht mal Meerblick gehabt!«
»Ja, dann hätten Sie halt nicht in die Schweiz fahren dürfen!«

Oder man findet eine Kakerlake, und anstatt sie still und leise zu akzeptieren, macht man 4.000 Beweisfotos, jagt sie drei Tage, ruiniert dabei das halbe Hotelzimmer, schürft sich Arme und Beine auf, fängt sie schließlich, tut sie in ein Schraubglas, bringt das Corpus Delicti als Beweisstück mit nach Hause, nur um hinterher beim Anwalt zu sagen:
»Gucken Sie mal: Griechenland! Wie viel Prozent krieg ich denn da zurückerstattet?«

Gut, das sind jetzt kleine Beschwerden, aber in einem realen Fall hat ein deutscher Tourist mitten in Italien am Strand Wesen vorgefunden, skandalös, die waren noch deutlich größer als Kakerlaken – und als er dann in Brehms Tierleben nachschlug, da fand er heraus, das sind doch tatsächlich: ITALIENER!

Das muss man sich mal vorstellen – mitten in Italien, zivilisiertes EU-Land, und plötzlich sind da Italiener! Kein Mensch weiß, wo die herkommen, aber sie sind da! Und dann reden die auch noch laut! Italienisch! Also hat dieser Tourist beim Amtsgericht Aschaffenburg auf Minderung des Reisepreises geklagt, frei nach dem Motto: Italien wäre ja ganz schön, wenn nur die ganzen Italiener nicht wären! Und wenn es schon bei einer Kakerlake von 2,3 Gramm fünf Prozent zurückgibt, dann muss doch bei einem ausgewachsenen Italienerrudel richtig was an Kohle zurückkommen!

Aber da hatte Justitia wohl auf einem Auge eine Pizza – das Gericht urteilte nämlich, dass der Einheimische per se kein Reisemangel sei. Mit Italienern muss man in Italien also rechnen!
Ein Reisemangel ist es übrigens auch nicht, wenn Sie einmal im Leben in der Businessclass reisen: Schaumwein, Kanapees und liebreizendes Personal – die schönsten und teuersten Stunden Ihres Lebens –, aber der Mensch neben Ihnen schnarcht so laut, dass Sie nach getanem Trinkwerk nicht ebenfalls einschlafen können.

Ja, liebe Leser … das dürfen Mitreisende. Straflos. Weil das Schnarchen eine klassenunabhängige Eigenschaft ist. Und deshalb blieb ein Businessclass-Tourist mit seiner

Klage auf Reisepreisminderung wegen eines schnarchenden Sitznachbarn vor dem Amtsgericht Frankfurt ohne Erfolg.

Ums Schlafen ging es auch in einem anderen Fall, allerdings ums Beischlafen. Ein Paar hatte sich auf Menorca ein Doppelzimmer gemietet und beide waren fest gewillt, das Urlaubserlebnis durch den einen oder anderen in gegenseitigem Einvernehmen vollzogenen Kopulationsakt sinnlich aufzuwerten. Doch beim Betreten der Verrichtungsstätte dann – blankes Entsetzen: Es stand kein Doppelbett zur Verfügung, sondern nur zwei Einzelbetten! Klarer Fall von Sabotage! Deutschland vergreist ohnehin schon und da wirft eine kinderreiche Insel wie Menorca vermehrungswilligen Deutschen noch Knüppel beim Kindermachen zwischen die Beine.
Also, was tun? Jetzt kann man sich natürlich sagen:
»*Gut, Beischlaf fällt flach, lesen wir eben mal wieder ein gutes Buch.*«
Aber das wäre natürlich demoskopisch unverantwortlich.
Man kann auch sagen:
»*O.K., paaren wir uns eben auf einem Einzelbett, das hat damals in der Jugendherberge ja auch geklappt.*«
Jaja, aber für die Jugendherberge haben Sie nicht 1.800 Euro die Woche gezahlt und in der Jugendherbergszeit waren Sie auch noch nicht per Sie mit Ihrer Bandscheibe.

Also wird im Urlaub gemuffelt und zu Hause geklagt.
Aber wie ist die Rechtslage? Gibt es wirklich Geld zurück, wenn die Betten nicht zusammenstehen? Nein, gibt es nicht, fand das Amtsgericht Mönchengladbach, denn: *»dem Gericht waren mehrere Formen des Beischlafs bekannt, in denen ein Bett ausgereicht hätte!«*

Außerdem, so das Gericht, hätten die beiden die Betten ja zusammenbinden können, zum Beispiel mit ihren Gürteln. Die brauche man in dieser Situation schließlich nicht.
Ob diese Einschätzung des Gerichts nicht ein wenig fantasielos ist, sei einmal dahingestellt.

Immerhin hatte die Sache ein Gutes – der Richter konnte vor dem Verhandlungstermin ganz offen im Kamasutra lesen und seiner Frau sagen:
»Es ist nicht, was du denkst, das ist rein beruflich!«

Wir fassen zusammen: Italiener am Strand, Schnarcher in der Businessclass und Einzelbetten im Doppelzimmer sind also keine Reisemängel. Aber wofür gibt es Geld zurück? Diese Frage beantwortet die vom Landgericht Frankfurt aufgestellte „Frankfurter Tabelle“. Sie listet alle erdenklichen Mängel zu den Bereichen „Unterkunft“,

„Verpflegung“, „Transport“ und „Sonstiges“ auf und sagt auch, wie viel Prozent es zurückgibt, wenn irgendetwas nicht stimmt.

Sie möchten in Ihrem nächsten Urlaub mal richtig viel Spaß haben und auch noch Geld sparen? Dann drucken Sie sich doch die „Frankfurter Tabelle“ aus dem Internet aus und halten sie im nächsten Urlaub immer griffbereit. Unterziehen Sie Hotel, Strand und Personal einer gewissenhaften Überprüfung und arbeiten Sie alle Punkte der Tabelle ab. Sie können aus der Reisemängelsuche auch ein lustiges Gesellschaftsspiel machen. Suchen Sie mit Ihren Mitreisenden um die Wette! Wer am Ende des Urlaubs die prozentträchtigsten Mängel gefunden und mit der Kamera dokumentiert hat, hat gewonnen!.
Von der Rückerstattungssumme für zwei Wochen Malediven ist in der Regel noch einmal locker eine Woche Türkei drin. Die wiederum reicht für ein verlängertes Wochenende im Weserbergland, und wenn es da genauso hakt, springt am Schluss vielleicht sogar noch ein Wellnesstag in Ihrem örtlichen Spaßbad heraus.
Gute Erholung!

Bevor Sie sich aber an die ausführliche Liste wagen – hier zum Einlesen die

TOP 5 der lohnendsten Urlaubspannen

Reisepreisminderung – sehr frei nach der „Frankfurter Tabelle“	
Das „Hotel am Strand“ liegt in Wahrheit …	
im nahen Stadtkern, etwa 300 m vom Strand.	5 %
im reizenden Hinterland, ca. 2,5 km vom Strand.	10–15 %
Welcher Strand?	50–100 %
Das Doppelzimmer eines Ehepaares ist tatsächlich …	
ein Dreibettzimmer, zusätzlich belegt mit dem 10-jährigen Sohn.	10 %
ein Dreibettzimmer, zusätzlich belegt mit sechs englischen Fußballfans.	100 %
ein Dreibettzimmer, zusätzlich belegt mit zwei blonden schwedischen Stewardessen. Die Ehefrau wird in ein 60 km entferntes Hotel ausquartiert.	Hört auf zu träumen, Männer!
Das gebuchte Zimmer „mit Bad und WC“ …	
teilt sich Bad und WC mit drei anderen Zimmern.	15–25 %

teilt sich Bad und WC mit drei anderen Etagen.	50 %
Bad und WC? Das kann man auch alles im Meer erledigen.	100 %
Das Essen im Hotel …	
besteht jeden zweiten Tag aus Spaghetti mit Ketchup.	5 %
besteht jeden zweiten Tag aus kalten, versalzenen Spaghetti mit Ketchup.	20–30 %
besteht jeden Tag aus keinen Spaghetti und auch sonst aus nichts.	50 %
Ungeziefer im Hotelzimmer	
Vereinzelte Kakerlaken verstecken sich vor Schreck hinter dem Kleiderschrank, wenn die Urlauber nachts das Licht anschalten.	10–20 %
Die Urlauber verstecken sich vor Schreck im Kleiderschrank, wenn sie nachts das Licht anschalten.	50 %
Ein Kleiderschrank ist hinter den Kakerlaken nicht mehr erkennbar, wenn die Urlauber nachts das Licht anschalten.	100 %

Mir rieseln von Ihrer Neandertaler-Musik schon die Steine von der Decke!!
Fegen Sie doch erst mal das Treppenhaus!!!!
WILLKOMM
KUMPE

Mit wem haben Sie den meisten Ärger? – Okay, die Person, die neben Ihnen auf dem Sofa sitzt, einmal ausgenommen ...
Richtig! Mit dem Nachbarn. Und mit dem Vermieter. Oder mit beiden gleichzeitig. Jedenfalls knallt es besonders häufig im Umfeld der eigenen vier Wände.

Und was würde Ihr Anwalt zu all den kleinen und großen Sorgen rund ums traute Heim sagen? Schauen wir mal nach in unserer Sammlung der häufigsten Streitpunkte rund ums Wohnen:

Party bei den Nachbarn

? Nachbar macht Aushang:

Liebe Nachbarn,
am Samstag feiere ich meinen Geburtstag! 25 werde ich schon ☹! Wenn es vielleicht mal ein bisschen lauter werden sollte, dann kommt doch einfach vorbei und feiert mit uns. Wir freuen uns schon auf euch!
Ganz liebe Grüße
euer Thorben ☺

! Nachbar meint:

Ihr blöden Spießer. Ja, am Samstag drehen wir die Musik wieder die ganze Nacht volles Rohr auf. Was, ihr mögt kein Death-Metal-Geknüppel? Dann verpisst euch, aber kommt bloß nicht klingeln. Es macht eh keiner auf, weil alle bekifft in der Ecke liegen. Außerdem dürfen wir sowieso dreimal im Jahr die Sau rauslassen, wenn wir es vorher anmelden. Eure Satanisten-WG im 3. Stock

§ Anwalt antwortet:

Gemäß § 9 Abs. 1 Landesimmissionsschutzgesetz und § 117 Ordnungswidrigkeitengesetz haben Sie völlig unabhängig von Ihrer Vorankündigung und von der Zahl der Partys, die Sie pro Jahr feiern, ab 22 Uhr Zimmerlautstärke einzuhalten. Im Falle einer Zuwiderhandlung müssten Sie mit polizeilichen Maßnahmen zur Störungsbeseitigung, der Einleitung eines Ordnungswidrigkeitenverfahrens sowie vermieterseitigen Sanktionen rechnen.

! Anwalt meint:

Steckt euch euren Treppenhauswisch sonst wohin! Wenn ihr verhinderten Leistungsträger die Musik nach 22 Uhr schon wieder zu laut aufdreht, sorge ich dafür, dass die Polizei eure Anlage mitnimmt, euch ein Bußgeldverfahren an den Hals hängt und der Vermieter euch rausschmeißt!

Natürlich ist es Unsinn, dass man nur einen dieser kleinen Zettel im Hausflur aufhängen muss und dann laut feiern darf. Es gibt auch keine Regel, wonach man zwei-, drei- oder wievielmal auch immer im Jahr laut sein darf.

Von 22:00 Uhr bis 6:00 Uhr ist also Ruhe angesagt. Jedenfalls in Wohngegenden und selbst in Satanisten-WGs. Nächtens lautstark den einsam gelegenen Friedhof zu schänden – wie jeder andere anständige Satanist – ist dagegen kein Problem (jedenfalls nicht aus immissionsschutzrechtlicher Sicht). Denn die Anwohner, die dort untergebracht wurden, sind im Idealfall nicht mehr so lärmempfindlich. Und die wenigen Ausnahmen von dieser Regel, die es immer mal wieder trifft, dürften im Allgemeinen keine Gelegenheit mehr bekommen, sich über die Party zu beschweren, die 1,70 Meter über ihnen abgeht.

Merke: Wer noch nicht die letzte Ruhe gefunden hat, darf sie jedenfalls zwischen 22:00 Uhr und 6:00 Uhr schon einmal probehalber beanspruchen.

Zweitschlüssel für den Vermieter

? Vermieter sagt:

Für den Notfall behalte ich natürlich einen Zweitschlüssel zur Wohnung. Sie wissen schon: falls mal ein Wasserrohrbruch ist, wenn Sie gerade im Urlaub sind oder wenn Sie Ihren Schlüssel verloren haben und reinwollen.

! Vermieter meint:

Für den Notfall behalte ich natürlich einen Zweitschlüssel zur Wohnung. Sie wissen schon: damit ich unbemerkt schnüffeln kann, wenn Sie mal im Urlaub sind oder ich Ihre Möbel raustragen kann, wenn Sie die Miete nicht bezahlen.

§ Anwalt antwortet:

Meinem Mandanten steht auch Ihnen als dem Vermieter gegenüber das Grundrecht auf Unverletzlichkeit der Wohnung gemäß Artikel 13 Absatz 1 Grundgesetz zu.

! Anwalt meint:

Du kriegst keinen Zweitschlüssel. Und wenn du einfach einen behältst, tauschen wir auf deine Kosten das Schloss aus.

Glauben Sie es mir: *Jeder* Vermieter hat noch Zweitschlüssel zu seinen vermieteten Wohnungen. Behalten darf er die aber nur, wenn der Mieter damit einverstanden ist.
Wer als Mieter auf Nummer sicher gehen will, darf also das Türschloss auswechseln und muss dem Vermieter keinen Nachschlüssel geben.
Hereinkommen darf der Vermieter nur in äußersten Notfällen oder wenn er sich vorher ankündigt und einen vernünftigen Grund für den Inspektionsbesuch hat.

✗ Faustregel für Inspektionsbesuche:

- ☐ In Ordnung: Ihr Vermieter kommt nach Voranmeldung alle zwei Jahre mal vorbei – natürlich ohne Nachschlüssel –, um nachzugucken, ob Sie immer schön die Wände gestrichen haben! Auch wenn er die Wohnung verkaufen, neu vermieten oder renovieren will, müssen Sie ihn hereinlassen.
- ☐ *Nicht* in Ordnung: Ihr Vermieter sieht aus wie Kinski, taucht nachts an Ihrem Bett auf und flüstert Ihnen ins Ohr: »*Oh, Sie sind noch wach. Sie müssen doch keine Angst haben. Ich wollte nur sehen, ob Sie schon schlafen. Dann sehen Sie immer so friedlich aus, wissen Sie … Ihr Haar duftet so gut … Sie sollen immer bei mir bleiben …!!!*«

Merke: Wenn der Vermieter einen guten Grund hat, darf er sich die Wohnung mal ansehen. Wenn er keinen hat und trotzdem mal gucken kommt: Schloss auswechseln oder gleich kündigen.

Schlüsseldienste

? Schlüsseldienst sagt:

Oha! Da komme ich aber nicht so einfach rein. Das wird leider, leider, leider ein bisschen teurer!

! Schlüsseldienst meint:

Trottel, das Schloss hättest du auch mit der Scheckkarte aufbekommen.

§ Anwalt antwortet:

Mein Mandant schuldet lediglich eine ortsübliche Vergütung. Um den zu viel bezahlten Betrag sind Sie in strafrechtlich relevanter Höhe ungerechtfertigt bereichert und somit zur Rückzahlung verpflichtet.

! Anwalt meint:

Deine Rechnung ist strafbarer Wucher. Wenn du jetzt nicht ganz schnell die Hälfte zurückzahlst, kriegst du Post vom Staatsanwalt!

Schlüsseldienst Auf & Weg

An- und Abfahrt (war weit)	**80 Euro**
Spezialwerkzeug vergessen, zurückgefahren	**100 Euro**
Bohrmaschine	**500 Euro**
Presslufthammer	**1.000 Euro**
Flammenwerfer	**2.500 Euro**
Sprengstoffladungen	**5.000 Euro**
Räumpanzer	**25.000 Euro**
NATO-Luftangriffe (Nachttarif)	**95.000.000 Euro**
Ohne UN-Mandat (Zuschlag)	**150.000.000 Euro**
Summe	**Gib mir alles, was du hast!**

Ungefähr so sah Ihre letzte Schlüsseldienstrechnung aus? Dabei war die Tür nur ins Schloss gefallen und es steckte von innen kein Schlüssel? Von außen auch nicht? Dann waren viele der Rechnungsposten entbehrlich und Sie hätten die Rechnung kräftig zusammenstreichen dürfen.
Sie ersparen sich übrigens solchen Ärger, wenn Sie demnächst klar definieren, was der Schlüsseldienst tun soll und dafür vorab einen Festpreis vereinbaren:

»Bitte nur die Tür öffnen. Das Haus soll weitestgehend intakt bleiben und die Nachbarschaft nicht evakuiert werden. Was kostet das?«

Viel mehr als 50 Euro pro Stunde sollte der Einsatz nicht kosten. Nachts und an Wochenenden darf es auch mal gut das Doppelte sein. Aber dann ist auch Schluss. Wer mehr verlangt, hat Pech und muss das zu viel erhaltene Honorar sogar zurückzahlen.

Merke:
Ihre Haustür ist nicht der Westwall.

Haustiere

? Vermieter sagt:

Das Halten von Haustieren ist aus Sicherheits-, Lärmschutz- und Hygienegründen prinzipiell nicht zulässig. Das steht auch ausdrücklich im Mietvertrag. Sie müssen sich daher von Ihren süßen Meerschweinchen trennen.

! Vermieter meint:

Ich kann Tiere nicht leiden und deine blöden Meerschweinchen schon gar nicht. In Südamerika isst man diese Viecher. Wenn du nicht willst, dass ich das auch eines Tages mache, dann zieh aus oder schaff sie ins Tierheim.

§ Anwalt antwortet:

Der formularmäßige Ausschluss jeglicher Tierhaltung, also auch der Haltung von Kleintieren, stellt nach ständiger höchstrichterlicher Rechtsprechung eine unzulässige Vertragsklausel dar.

! Anwalt meint:

Hunde, Katzen und andere große Tiere im Haus hättest du verbieten können. Hast du aber nicht. Du hast pauschal alle Tiere verboten. Und das geht nicht. Die Meerschweinchen bleiben!

Manche Vermieter stellen sich wirklich dümmer an als nötig. Hunde, Katzen und andere Großtiere dürften sie durchaus verbieten, aber nicht pauschal alle Haustiere. Denn es gibt keinen vernünftigen Grund, auch so harm-, laut- und geruchlose Kleintiere wie Meerschweinchen, Kanarienvögel, Zierfische & Co. zu verbieten. Wer trotzdem in den Mietvertrag schreibt

Haustierhaltung generell verboten

geht entschieden zu weit und kann sich überhaupt nicht mehr auf das Haustierverbot berufen. Er schneidet sich also ins eigene Fleisch, denn nun muss er auch Hunde und Katzen dulden.
Umstrittene Haustiere wie Nashörner oder Grizzlybären könnte er in der Reihenhaussiedlung jedoch weiterhin verbieten, da sie als gefährlich gelten.

„Gefährlich" ist ein gutes Stichwort. Denn natürlich gibt es auch bei den prinzipiell zulässigen Tieren Ausnahmen.
Ein aggressives Minischweinchen wurde einer Münchener Mieterin zum Beispiel verboten, weil es Nachbarn attackiert hatte (AG München, Az. 413 C 1268/04). Hätte es sich ein bisschen zurückgehalten, hätte es bleiben

dürfen, so wie die beiden Berliner Schweinchen „Quieki" und „Schnitzel", die weder zubissen noch stanken (AG Köpenick, Az. 17 C 88/00).
Unzulässig wären demnach allenfalls brutale Killermeerschweinchen, die im Treppenhaus Nachbarskinder reißen.

Merke: Sie mögen Ihre Meerschweinchen, sei es auch nur als Meerschweinchen südamerikanische Art? – Sie dürfen sie behalten!

Das Erheblichkeitsmerkmal für Ehebruch ist zu diesem Zeitpunkt nicht erfüllt!
Er ist Anwalt, er kann dir alles erklären!
KUMPE

Das Recht regelt bekanntlich alle Bereiche unseres Lebens. Auch unser Intimleben bleibt nicht davor verschont, von Juristen bis ins letzte Detail ausgeleuchtet, definiert und beurteilt zu werden. Was verstehen eigentlich Juristen unter Beischlafpflicht, Ehebruch und „normalem" Sex? Na, das wollen wir uns doch einmal genauer ansehen!

Beischlafpflicht

Der Mann kommt abends ins Schlafzimmer zu seiner Frau. – Die Situation kennen alle.

Er hat auch noch Lust auf seine Frau. – Die Situation kennen einige.

Doch die Gattin ist „müde" oder leidet wahlweise an Kopfschmerzen, Keuchhusten oder Cholera. Da fragt sich der Mann natürlich irgendwann:

»Darf die das eigentlich? Oder kann man von ihr nicht auch mal verlangen, dass sie sich ein Aspirin einwirft oder einen Kaffee trinkt gegen die ewige Müdigkeit?«

Und genau so ist es. Schauen wir mal ins Gesetz. Dort ist die Beischlafpflicht charmant umschrieben geregelt:

> Die Ehegatten sind einander zur ehelichen Lebensgemeinschaft verpflichtet.
>
> (BGB § 1353 Absatz 1)

Das musste doch mal gesagt werden! Und wie muss der Sex dann ablaufen? Gibt es zu dieser Frage auch ein Gesetz? Das nicht. Aber trotzdem hatte der Bundesgerichtshof dazu noch in den Sechzigerjahren seine klaren Vorstellungen:

> Die Frau genügt ihren ehelichen Pflichten nicht schon damit, dass sie die Beiwohnung teilnahmslos geschehen lässt. Wenn es ihr infolge ihrer Veranlagung (…) versagt bleibt, im ehelichen Verkehr Befriedigung zu finden, so fordert die Ehe von ihr doch eine Gewährung in ehelicher Zuneigung und Opferbereitschaft und verbietet es, Widerwillen oder Gleichgültigkeit zur Schau zu tragen. Denn erfahrungsgemäß vermag sich der Partner, der im ehelichen Verkehr seine natürliche und legitime Befriedigung sucht, kaum jemals mit der bloßen Triebstillung zu begnügen, ohne davon berührt zu werden, was der andere dabei empfindet.
>
> (BGH NJW 1967, 1078)

Wer heiratet, der verpflichtet sich also zu lebenslangem Sex – natürlich mit dem Ehepartner, das ist der Haken. Aber immerhin! Die gute Nachricht an diesem Urteil für alle Frauen: Damit ist nun endlich geklärt, dass das Vortäuschen des Orgasmus völlig legal ist. Manchmal kann es sogar rechtlich geboten sein!

Bevor jetzt empörte Briefe kommen: Ja, die Beischlafpflicht gilt natürlich für beide Partner, also auch umgekehrt für den Mann!
Aber was passiert eigentlich, wenn der Partner, egal ob Mann oder Frau, sich nicht an die eheliche Sexpflicht hält? Soll man dann vielleicht den Gerichtsvollzieher herbeirufen und mit einer sogenannten „Ersatzvornahme" nach § 887 Zivilprozessordnung beauftragen? Wenn das ginge, würde der Beruf des Gerichtsvollziehers möglicherweise ganz neuen Zulauf erhalten. Leider – oder zum Glück – wird es so weit aber nicht kommen. Denn gerichtlich durchsetzbar ist die eheliche „Sexpflicht" natürlich nicht.

Ganz ungeschoren kommt der Sexmuffel aber möglicherweise trotzdem nicht davon. Denn nach der Scheidung können ihm (oder ihr) die Unterhaltsansprüche gekürzt werden. So geschah es einer Frau, die ihren Mann in drei Jahren Ehe immer nur hingehalten hatte. „Zur Strafe" gab es für sie deutlich weniger Unterhalt:

> Die grundlos gebliebene, weil von ihr nie erklärte Verweigerung der Klägerin reduzierte die nur äußerlich gelebte Gemeinschaft der Ehegatten derart, dass auch ihr Anspruch auf Unterhalt zu reduzieren ist.
>
> (AG Brühl, NJWE-FER 2000, Heft 03 51)

Praxistipp: Bei Ihnen herrscht Flaute im Ehebett? Dann bringen Sie doch mal wieder ein bisschen Feuer in die Beziehung! Nehmen Sie beim nächsten Mal das Bürgerliche Gesetzbuch mit ins Bett und hauen Sie Ihrem lustlosen Partner § 1353 Absatz 1 BGB um die Ohren! Das wirkt nicht? Dann drohen Sie mit der Kürzung von Unterhaltsansprüchen! Funktioniert auch nicht? – Dann lässt sich Liebe wohl auch nicht mit dem Anwalt erzwingen. Wer hätte das gedacht?

Ehebruch

Argumentative Schützenhilfe für Fremdgeher kommt manchmal von völlig unerwarteter Seite. Das Reichsgericht musste Ende des 19. Jahrhunderts einmal definieren, was eigentlich unter Ehebruch zu verstehen sei. Wer von seinem Ehepartner beim Flirten mit einem oder einer anderen erwischt wird, sollte unbedingt diese beiden Entscheidungen parat haben:

> Der Ehebruch, ein „Vergehen gegen die Sittlichkeit“, wird, der Natur der Sache (…) entsprechend, durch die Geschlechtsvereinigung eines Ehegatten mit einer dritten Person erfüllt.
>
> (RGSt. 7, S. 298, 299)

> Dagegen stellt ein unerlaubter schamloser Verkehr des einen Ehegatten mit einer dritten Person anderen Geschlechts, mag er noch so sehr den Regeln und Geboten der Ehre, Zucht und Sitte Hohn sprechen, für sich allein, falls es faktisch nicht bis zur Vollziehung des Beischlafs gekommen ist, einen Ehebruch (…) nicht dar, gibt daher dem unschuldigen Ehegatten keinen Scheidungsgrund aus diesem Gesetze.
>
> (RGSt. 14, S. 352, 354)

Na das ist doch eine Aussage! Das nächste Mal, wenn Sie nackt in einem fremden Kleiderschrank aufgegriffen werden, müssen Sie also nicht wieder behaupten, Sie seien der Heizungsableser. Es reicht völlig, wenn Sie sagen:
»Ätsch, du kannst uns gar nichts, wir haben nämlich nur Petting gemacht!«
Ob Sie mit dieser Nummer durchkommen, dafür übernimmt der Langenscheidt-Verlag allerdings keine Haftung …

Liebhaber verprügeln

Ein Ehemann kam früher als erwartet von der Schicht und erwischte seine Frau dabei, wie sie sich im Ehebett mit einem anderen Mann vergnügte. Dem bekam das Abenteuer gar nicht gut, denn der gehörnte Ehemann prügelte ihn grün und blau. Vor dem Landgericht Paderborn sahen sich die beiden wieder, denn der verprügelte Liebhaber klagte auf Schmerzensgeld. Die Richter sahen die Klage kritisch:

> Trifft ein Ehemann im Schlafzimmer der Ehewohnung seine Ehefrau in flagranti mit einem Dritten an und greift er daraufhin in aufflammendem Zorn den Liebhaber der Ehefrau tätlich an und verletzt ihn, so kann das Mitverschulden des Verletzten im Einzelfall so hoch zu bewerten sein, dass jedenfalls ein Schmerzensgeldanspruch nicht besteht. So liegt der Fall hier. (...) Der Schmerzensgeldanspruch dient grundsätzlich nicht dem Zweck, demjenigen, der in eine fremde Ehe eindringt, hierbei im ehelichen Schlafzimmer in flagranti gestellt wird und sich dann einem nach den Umständen zu erwartenden körperlichen Angriff des Ehemannes ausgesetzt sieht, hierfür noch eine Genugtuung in Form eines Schmerzensgeldes zu verschaffen. (LG Paderborn, NJW 1990, S. 260)

Praxistipp: Den Liebhaber der Ehefrau zu verprügeln kann sehr befreiend sein – und es kostet noch nicht einmal etwas!

Stellungswechsel

Licht aus, Socken anlassen und dann 12 Minuten Missionarsstellung. So läuft ordnungsgemäßer Sex in Deutschland ab. Aber kann man von seinem Ehepartner auch einmal einen Stellungswechsel verlangen? Oder ist so etwas unnormal und eine unzumutbare Schweinerei? Allerdings! – meinte jedenfalls ein Richter am Oberlandesgericht Stuttgart:

> Lehnt ein Ehegatte Geschlechtsverkehr außerhalb der normalen Stellung oder Art (Petting) ab, so hat sich der andere zu fügen und zu der normalen Art zurückzukehren.
>
> (BGB-RGRK, 12. Aufl. 1984, § 1353, Rn. 33)

Unwilligen Ehepartnern, denen die Beischlafpflicht aus § 1353 Abs. 1 BGB vorgehalten wird, kann diese Rechtsauffassung zumindest eine gewisse Erleichterung verschaffen:

»Na gut Eberhard, aber ich muss nur in der normalen Stellung und in der normalen Art. Also komm mal schön wieder runter von der Kommode und zieh gefälligst meine Pumps aus!«

Poppen

Was bedeutet eigentlich „poppen"? Diese Frage musste das Oberlandesgericht Hamburg klären, denn eine Beklagte fand, dass unter diesem Begriff doch wohl jeder das Gleiche verstehe – nämlich die Herstellung von Popcorn.

> Entgegen der Annahme der Beklagten ist den angesprochenen Verkehrskreisen, zu denen auch die Mitglieder des Senats gehören, keineswegs seit frühester Kindheit die Herstellung von Popcorn als „poppen" bekannt. Den Begriff „poppen" kennen die Senatsmitglieder zwar, allerdings nicht von Kindesbeinen an, sondern erst etwa seit der Pubertät und in einem völlig anderen Zusammenhang, was hier aber nicht vertieft zu werden braucht. Die Verbindung zu Popcorn hilft also nicht weiter.
>
> (OLG Hamburg GRUR-RR 2003, S. 266)

Zungenkuss

Ein Autofahrer hatte einer Anhalterin mit beiden Händen die Kiefer auseinandergepresst und seine Zunge dreimal hintereinander in ihren Mund gesteckt. Soll das etwa schon eine strafbare Unzucht sein?

Oder ist so etwas noch keine unzüchtige Handlung, sondern höchstens eine Nötigung? Schauen wir mal, was der BGH noch 1963 von aufgezwungenen Zungenküssen hielt:

> Zungenküsse aus Sinnenlust sind nicht ohne Weiteres unzüchtige Handlungen. Sie sind es in der Regel, wenn sie Kindern unter 14 Jahren oder von einem Manne einem anderen Manne gegeben werden. (...) Der dreifache Zungenkuss spielte sich (...) verhältnismäßig schnell ab. Der Angeklagte betastete dabei auch nicht den weiblichen Körper. Unter diesen Umständen waren die Zungenküsse trotz der wollüstigen Absicht nur eine ungehörige handgreifliche Zudringlichkeit, die das allgemeine geschlechtliche Scham- und Sittlichkeitsgefühl nicht in einem solchen Maß verletzte, dass eine unzüchtige Handlung (...) vorläge.
>
> (BGH NJW 1963, S. 597)

Nur eine harmlose Zudringlichkeit also! Oder mit anderen Worten: Wenn ein Mann einer Frau Zungenküsse aufzwingt, dann ist das nur dann unzüchtig, wenn es zu lange dauert, er die Frau außerdem noch begrapscht – oder sich herausstellt, dass die Frau eigentlich ein Mann ist.

Nicht, was Sie denken!

Nicht alles, was nach Sex klingt, ist auch wirklich sexy. Manche rechtlichen Fachbegriffe sind viel harmloser als sie auf den ersten Blick scheinen! Hätten Sie vermutet, was ein Jurist unter den folgenden Begriffen versteht?

Abgang

Wer die so bezeichnete Flucht aus der Justizvollzugsanstalt geschafft hat, hat aus Freude darüber manchmal gleich noch einen – und das endlich wieder, ganz ohne dass die Wachen ihm dabei zugucken können.

Befriedigung

Anderes Wort für die Erfüllung eines Rechtsanspruchs. Mehr sollten Sie sich hiervon bitte nicht erhoffen!

besorgen (Es ist zu ~)

Juristen würden niemals sagen, dass etwas „zu befürchten" ist. Sie verwenden stattdessen lieber Begriffe, die man normalerweise nur aus ganz anderen Zusammenhängen kennt. Eine Aufforderung zur Vornahme unzüchtiger Handlungen ist damit jedoch nicht verbunden.

Fruchtlosigkeitsbescheinigung

Damit bestätigt Ihnen der Gerichtsvollzieher, nachdem er Sie aufgesucht und eingehend überprüft hat, dass bei

Ihnen wirklich nichts mehr geht. Sie suchen ein bisschen Zärtlichkeit und wollen jetzt wissen, wie man sich von dem Herrn oder der Dame mal unverbindlich überprüfen lassen kann? Vergessen Sie es! Mit diesem Wisch bekommen Sie lediglich bestätigt, dass Sie nichts mehr *zahlen* können. Eine gerichtliche Zwangsvollstreckung bei Ihnen wäre also zwecklos. Alles andere geht (hoffentlich) noch.

Veranlagung

Dieser Begriff beschreibt nicht die Gesamtheit der kleinen Schweinereien, mit denen sich manch einer immer so viel Spaß bereitet, sondern die Gesamtheit der großen Schweinereien, mit denen das Finanzamt manch einem immer so wenig Spaß bereitet.

Verkehr

Das, was Sie jeden Morgen auf dem Weg zur Arbeit erleben – nein, nicht *im* Auto, sondern *drumherum*.

Zuchtmittel

Sie werden vom Gericht verhängt, wenn Sie nicht parieren. Vom *Gericht*! Nicht von Ihren zweifelhaften Kontakten aus den hinteren Seiten der Tageszeitung!